SOMMAIRE

DEUXIÈME PARTIE : ENTRAÎNEMENT INDIVIDUEL

TROISIÈME PARTIE : À DEUX

QUATRIÈME PARTIE : PETITS GROUPES

CINQUIÈME PARTIE : ENSEMBLE

SIXIÈME PARTIE : VERS LA REPRÉSENTATION

SEPTIÈME PARTIE :
LE VOCABULAIRE DU THÉÂTRE

Le théâtre, cet art dont la loi première et peut-être la seule est d'amuser en instruisant.
Beaumarchais

Chaque enfant qu'on enseigne est un homme qu'on gagne.
Victor Hugo

PRÉAMBULE

Comédiennes professionnelles et dramaturges, il nous a toujours paru évident que la pratique du théâtre doit être partagée par tous : ceux qui en ont fait leur métier et ceux que l'on appelle « amateurs » (« ceux qui aiment »), grands et petits.

Cela fait maintenant de nombreuses années que nous intervenons dans les écoles pour des séances de sensibilisation au théâtre et à l'expression orale.

Lors de nos interventions, nous avons rencontré beaucoup d'enseignants convaincus des vertus pédagogiques et artistiques du jeu dramatique, qui voulaient faire « entrer le théâtre » dans leur classe mais qui manquaient d'outils pratiques.

C'est pourquoi nous avons voulu, dans ce livre, proposer une approche claire et précise du jeu dramatique avec les élèves : fiches pratiques, exemples concrets, modèles de séances, glossaire, etc.

Tous les exercices que nous vous présentons ont été travaillés avec des enfants lors de nos ateliers « théâtre », et sont donc parfaitement adaptés aux élèves du primaire.

Nous dédions cet ouvrage aux instituteurs, professeurs, animateurs d'ateliers théâtre que nous avons côtoyés pendant toutes ces années, et surtout aux enfants avec qui nous avons redécouvert jour après jour l'essence même du théâtre : l'émotion partagée.

Sophie Balazard **Élisabeth Gentet-Ravasco**

PREMIÈRE PARTIE

FAIRE DU THÉÂTRE À L'ÉCOLE PRIMAIRE

TECHNIQUES THÉÂTRALES ET EXPRESSION ORALE

▲ De l'expression orale...

Les programmes officiels de l'Éducation nationale font de la maîtrise de la langue une priorité pédagogique à l'école élémentaire. En effet, donnée fondamentale de la communication dans notre société, elle est déterminante pour la construction intellectuelle de l'enfant, son avenir scolaire, son intégration future dans le monde social et pour ses relations personnelles.

L'expression orale est inscrite dans les programmes scolaires; mais c'est quoi : « travailler l'expression » ? à quoi cela sert-il? comment l'enseigner?

S'exprimer oralement, c'est mobiliser ses moyens physiques, intellectuels, émotionnels pour se faire comprendre de l'autre ou des autres.

L'apprentissage de la langue écrite et celui de la langue orale interagissent constamment. S'exprimer, c'est apporter ses réflexions, ses propositions, ses émotions pour échanger avec l'autre. S'exprimer, c'est aussi apprendre à ordonner, à structurer sa pensée.

▲ ... au théâtre

L'enseignant en école élémentaire a un atout : le formidable désir de jeu de l'enfant.

Avec le théâtre, le maître peut lui offrir une approche globale des techniques d'expression, en prenant appui sur l'imagination et l'invention. Il peut aussi mettre en pratique de façon ludique (et en cassant la routine de la classe) les dernières connaissances acquises : employer du vocabulaire, argumenter sur un thème, exposer un point de vue au cours d'improvisations sur un personnage.

L'expression orale, ce n'est pas que travailler sa voix, sa diction ou son vocabulaire; c'est aussi apprendre à se servir de ses mains, de son visage, de son regard, de ses attitudes, bref de tout son corps! L'acteur professionnel le sait bien : son corps est son instrument, et c'est par lui que le public perçoit les émotions du personnage, entend son discours, reçoit son énergie.

En classe, le travail théâtral offre une palette d'exercices qui aident l'enfant à « habiter » son corps : mieux le connaître pour le maîtriser. Le jeu dramatique exige de préciser ses sentiments (que veut-on exprimer?), sa pensée, ses réflexions, de trouver le mot juste, d'acquérir une aisance physique, de développer ses capacités d'imagination, de choisir ce que l'on veut faire passer. **La pratique dramatique permet un jeu constant entre**

« **faire** » et « **regarder** », « **agir** » et « **analyser** », et suscite la critique constructive et ainsi le désir de s'améliorer.
Le jeu dramatique à l'école induit la notion d'**engagement** et d'**autonomie**, l'action étant l'un des éléments essentiels pour le développement physique, psychique et intellectuel de l'enfant.
Pratiquer le théâtre en classe, c'est aider un enfant à vaincre sa timidité, un autre à combattre son individualisme, un autre à canaliser sa violence ou rediriger son impatience, apprendre le gratuit.

▲ Découvrir ensemble

La pratique théâtrale suppose un engagement de tous pour la réussite commune, quel que soit l'enjeu : simple exercice collectif interne ou réalisation plus ambitieuse destinée à un public, le théâtre implique une forte dynamique de groupe, où chacun fait l'expérience de la solidarité, de l'interdépendance, du plaisir de construire ensemble. Chacun, selon ses capacités, doit se sentir responsable de la cohésion du groupe : s'investir, s'exprimer sans étouffer les autres, s'imposer une autodiscipline, honorer ses engagements (apprendre un texte, apporter un costume, etc.).
S'exprimer, c'est dépasser sa peur du jugement de l'autre tout en le respectant.

▲ Les objectifs

Dans le cadre d'un travail en classe, en s'aidant des techniques théâtrales, les élèves pourront travailler en particulier à :
1. Se faire comprendre (articuler), se faire entendre (porter la voix), s'exposer aux regards (ne pas se cacher).
2. Rendre son personnage, son discours vivants (travail sur l'intonation, les expressions du visage, l'aspect physique, la démarche, le regard, etc.).
3. Construire son discours, sa scène, son improvisation pour dire quelque chose qui tient à cœur, raconter une histoire amusante ou émouvante, apporter un point de vue sur une question ou un problème, etc.
4. Construire sa scène, son improvisation pour susciter l'intérêt du public (faire appel à son imagination, trouver une progression dramatique, jouer de la diversité, du contraste, etc.).
5. S'amuser et amuser les autres !

▲ Des prolongements pour la classe

Recommandé par les programmes officiels, le théâtre, art fédérateur, offre de surcroît la possibilité d'aborder différentes disciplines :
• **L'écriture dramatique** (déjà au programme). Approche d'un texte dialogué : le vocabulaire et la syntaxe employés par les personnages ; la place laissée à l'imagination du lecteur.

• **Le jeu dramatique**. Travail de la voix et du corps, au service du personnage et de l'action : les nuances d'interprétation ; les styles de jeu.
• **La mise en scène**. Évolution dans un espace défini (la scène) ; les déplacements seul ou en groupe ; la visibilité du public ; le parti pris induit suivant la place des acteurs sur la scène, leur interprétation, les choix esthétiques (décors, costumes), de musiques, de bruitages, de sons... pour souligner une atmosphère liée à l'action (tristesse, joie...), etc.
• **Le son, la musique**. Écoute et choix des informations sur le lieu de l'action (bruits de rue, musique jouée dans un lieu voisin de l'action), permettre des transitions (changer de lieu, finir une séquence).
• **Les arts plastiques**. Inventaire des éléments (accessoires, meubles, costumes) nécessaires à l'action : choix esthétiques en fonction de l'époque, du parti pris choisi, des moyens à disposition...
L'histoire, la géographie, l'éducation civique, les sciences de la vie et de la terre... et bien sûr le français peuvent être aussi utilisés en atelier théâtre.

Le théâtre propose des visions du monde (transformées par une démarche artistique) et donne ainsi matière à réflexions et analyses sur la réalité qui nous entoure.

FAIRE DU THÉÂTRE AVEC SES ÉLÈVES

Tout dépend, bien évidemment, du contexte, de l'environnement et de la bonne volonté de tous, mais voici quelques idées qui vous permettront, nous l'espérons, de mettre en route cette nouvelle activité dans votre classe.

Les intervenants extérieurs. Il existe très souvent des relations privilégiées entre les troupes professionnelles locales ou les théâtres municipaux et les établissements scolaires, alors n'hésitez pas à faire intervenir des artistes au sein même de votre école. L'idéal serait que cette coopération dure sur une année entière, mais une intervention ponctuelle d'une ou deux séances permet déjà aux enfants de découvrir cette activité et peut vous aider à mettre en route un atelier.

Prévoyez avec l'intervenant ce que vous désirez offrir aux enfants dans ces séances : une approche générale ou plus ciblée par rapport à un texte ou à un thème.

En s'y prenant suffisamment à l'avance, il existe maintenant toute une série de mesures qui peuvent prendre en charge financièrement cette activité (rectorat, programmes culturels, associations de parents d'élèves, partenariat avec des troupes professionnelles en résidence, etc.).

Emmener les enfants au théâtre. Voir des pièces, de vrais spectacles conçus pour eux et adaptés à leur âge. Le théâtre est un art vivant. C'est en se confrontant à la réalité du lieu même du spectacle que les enfants appréhenderont le mieux ce qu'il est *(« Ils parlent sans micro », « Ils savent tout par cœur »).*

Demandez aux comédiens de rester quelques instants à la fin du spectacle (ou mieux : le lendemain dans la classe) pour écouter et répondre aux questions des enfants (pensez à préparer avec vos élèves une liste de questions pour sortir des banalités).

Et pourquoi pas, aussi, programmer une visite du théâtre municipal, découvrir la scène, les coulisses, les cintres, la machinerie, la régie... ? Demandez aux régisseurs de faire un plein feu quand les enfants sont sur scène, qu'ils puissent s'imaginer comédiens, et faites faire quelques essais de voix en mettant un enfant sur scène et les autres dans la salle.

On peut demander au directeur de la salle ou à la personne chargée des relations publiques d'expliquer du point de vue administratif la mise en place d'un spectacle, le travail en amont et pendant les représentations...

▲ La pratique théâtrale au sein de l'école

Plusieurs formes sont envisageables, en fonction du temps ou des moyens impartis : un travail effectué au sein du cours de français ou la création d'un atelier théâtre.

Un travail effectué au sein du cours de français pour :

• **Donner vie à un texte** et par là même travailler sur la compréhension. Demander à des élèves de lire un texte à voix haute pour le jouer leur permet d'aborder la lecture expressive. *(Voir « Quand la lecture devient jeu », p. 23.)*

– Tous les matins, l'enseignant lit à sa classe un chapitre d'un roman. Ce rendez-vous quotidien avec une histoire à suivre motive les élèves qui sont ainsi entraînés à écouter et apprécier la lecture expressive. Puisque c'est l'adulte qui lit, on choisira une œuvre d'un niveau supérieur à celui de la classe.

– Tous les jours, deux (ou plusieurs) élèves viennent au tableau lire un court dialogue proposé par le maître ou, mieux, par les enfants. L'enseignant peut soit choisir un texte déjà théâtralisé, soit un extrait de roman où plusieurs personnages interviennent en distribuant un rôle à chacun, dont celui du narrateur.

– Tous les jours, un enfant lit à haute voix, et de façon expressive, un court texte que découvrira toute la classe. Ne pas hésiter à aborder tous les genres : extrait de roman, poème, article de journal, liste de courses, résumé de film, règlement de l'école, énoncé de problème de mathématiques, etc.

– Ponctuellement, organiser une séance d'une heure sur l'expression physique. *(Voir « Quelques exemples de séances », p. 19).*

• **Travailler l'expression orale**, c'est-à-dire parler pour communiquer et non plus seulement pour poser des questions ou y répondre : oser s'exprimer devant les autres, maîtriser ses mouvements, tenir compte de l'auditoire, utiliser les règles de structuration pour être clair et « agissant ». Leur pratique amène souvent à trouver un équilibre entre le physique et le mental. L'expression corporelle utilise la mémoire, l'observation, l'imagination et l'expérimentation.

– Un cahier d'histoires est mis à la disposition des enfants. Celui qui le souhaite l'emporte chez lui pour y écrire une histoire de son cru ou y relater un événement, qu'il lira ensuite à haute voix devant la classe sa production. Les enfants apprécient beaucoup cette liberté et en sont très fiers. Le cahier ne doit pas rester plus de deux jours chez le même élève. L'enseignant ne s'attardera pas sur les fautes d'orthographe et de syntaxe et s'interdira tout jugement de valeur.

– Tous les jours, trois élèves doivent dire un virelangue *(voir p. 56)* ou un trompe-oreille *(voir p. 61)* de leur choix et appris par cœur.

– Ponctuellement, organiser une séance d'une heure sur l'expression physique, la relaxation, la diction, de courtes improvisations, etc. *(Voir « Quelques exemples de séances », p. 19).*

• **Créer un atelier théâtre** et consacrer une heure par semaine à l'activité théâtrale, avec pourquoi pas le projet d'un spectacle à la clé, permettant ainsi à tous les élèves (bons, timides, moins bons...) de participer à un projet commun.

Le plaisir de l'enfant doit être le moteur principal de l'atelier théâtre, et, même si l'atelier a lieu en temps scolaire, il n'a rien à voir avec un cours, il doit rester comme un jeu. Les enfants y gagneront non seulement une autonomie d'action dans leur vie de tous les jours, mais aussi une meilleure relation avec leur entourage.

Un spectacle final avec ses élèves n'implique pas forcément une superproduction : on peut très bien travailler avec très peu (ou pas) de décors et de costumes sans que cela nuise à la qualité du travail.

À noter, par expérience, que le surplus de travail sera très vite « rentabilisé » par la motivation des élèves et la complicité qui unira la classe et sera donc bénéfique pour le reste des cours. *(Voir « Quelques exemples de séances », p. 19.)*

▲ La formation de l'enseignant

Au départ, le théâtre n'est pas une matière scolaire, et c'est en respectant sa spécificité qu'il viendra au service d'une démarche pédagogique.

Nous le savons, la pratique théâtrale n'est pas une priorité dans la formation des professeurs des écoles. Avant de démarrer toute activité théâtrale dans votre classe, il est donc nécessaire :

– d'aller voir des spectacles (beaucoup de spectacles, et de tous les genres : grandes productions mais aussi petites compagnies et spectacles pour enfants) ;

– de lire des pièces et bien sûr des livres ou des revues sur le théâtre : ne pas hésiter à piocher un peu partout (techniques de mime, d'expression corporelle, de relaxation et même d'écriture) ;

– de rencontrer d'autres maîtres ayant déjà pratiqué cette activité au sein de leur classe : échanger des informations mais aussi confronter des idées ou des méthodes et parfois tout simplement se rendre compte que les problèmes sont les mêmes partout ;

– de pratiquer soi-même : on n'imaginerait pas un maître nageur qui n'aurait de la natation qu'une approche livresque et théorique. Il en est de même pour l'animateur de théâtre. Jouer soi-même est la meilleure des formations. Participez à des stages ou à des ateliers animés par des professionnels et débouchant sur un spectacle.

▲ La mise en place de l'atelier théâtre

• **L'espace.** Dans la salle choisie (calme, spacieuse et isolée), on délimitera dès la première séance deux espaces :

– L'espace scénique ou espace de jeu (dès que l'on entre sur l'espace scénique, on devient acteur : finis les rires idiots, les gestes désordonnés et les bavardages).

– L'espace public ou salle. Cet espace aussi doit être délimité précisément. On pourra installer le public (les élèves qui ne jouent pas à un moment

donné) soit sur des chaises ou des bancs, soit par terre. Du public dépend aussi la réussite du travail des uns et des autres.
Si la seule salle disponible est la salle de classe, prévoyez un temps avec les élèves pour pousser les tables contre les murs afin de créer un univers différent (et plus adapté). Le changement de décor pourra s'intégrer dans un exercice de mise en route de l'atelier. On doit déplacer les tables le plus rapidement et le plus silencieusement possible en imaginant qu'on prépare une farce et qu'on doit tout « déménager ».

• **Le nombre d'enfants**. Le nombre idéal est de 15 enfants maximum pour un atelier. Pour y arriver, on peut « couper » la classe en deux : par exemple, une semaine sur deux la moitié de la classe va en bibliothèque avec un parent d'élève tandis que l'autre moitié va en atelier théâtre. On peut aussi s'entendre avec les professeurs de langues vivantes, de musique ou de dessin, qui seront sûrement, eux aussi, ravis de travailler avec un faible effectif.
Dans le cas d'une classe coupée en deux, on peut prévoir deux courts spectacles qui seront montés par chaque groupe – deux ou trois séances en cours d'année réuniront les deux groupes, séances durant lesquelles chacun montrera à l'autre l'évolution du projet. On peut aussi envisager un spectacle commun sous forme de montage avec des scènes s'imbriquant les unes dans les autres ou se faisant suite. Prévoir quelques séances communes avant la représentation finale.

• **La durée des séances**. Prévoyez environ 45 minutes pour les petits et entre une heure et deux heures pour le cycle 3.
On laissera à tous le temps de « rentrer » dans l'activité : on démarre, en douceur, quelques exercices de relaxation, d'échauffement ou de décontraction, en privilégiant toujours le côté jeu et histoire de ces exercices.

▲ Quelques exemples de séances

L'activité théâtrale, source de découverte, d'expérimentation et de plaisir partagé, se prépare sérieusement. Une fois sa décision prise, le professeur devra définir son objectif pédagogique et le temps dont il dispose pour pouvoir commencer à préparer chacune de ses séances.
Nous vous proposons ici quelques exemples de séances selon le but poursuivi et le niveau des élèves.
Toutefois, le plan de séance doit être un guide et non un carcan. Au moment du travail, on doit se garder la possibilité de s'écarter du programme prévu pour reprendre un exercice sous une autre forme, approfondir une recherche, expérimenter un prolongement, etc.
À ne pas oublier : chaque exercice peut (et parfois doit) être adapté, modifié, simplifié ou enrichi selon le déroulement de la séance, le niveau des élèves, leur motivation, leur concentration, etc.

• Séances ponctuelles

Les séances ci-après sont conçues pour une durée d'une heure à une heure un quart, pour un groupe d'une quinzaine d'élèves (compter trois à cinq exercices par séance).

Mes objectifs

Approche du travail théâtral.
Relaxation et technique vocale, aisance physique.
Travail préparatoire à la lecture à haute voix ou sur un court texte dramatique.

Mon temps disponible

Quelques heures par semaine.

Ma première séance au cycle 2

• Le courant passe, page 176
• Le ruban du magicien, page 44
• Colère quotidienne, page 177
• Dans une cuisine il y a..., page 174
• Le désert, page 194

Autres séances pour le cycle 2

• L'oiseau, page 37
• Le cri sauté, page 71
• Les signaux, page 178
• Tous ensemble !, page 132
• Histoires drôles, page 102
• Le géant et la fourmi, page 77
• La première lettre, page 76
• Langue pour rire, page 73
• Késako ?, page 134

Ma première séance au cycle 3

• Le ruban de couleur, page 35
• Faire connaissance, page 163
• J'adore/Je déteste, page 65
• Chœur d'articulation, page 141
• L'objet de la dispute, page 124

Autres séances pour le cycle 3

• Le miroir, page 107
• Plus ! plus ! plus !, page 185
• Le metteur en scène, page 195
• La grosse colère, page 95
• Combat au ralenti, page 113
• Brouillamini, page 167
• Le dentiste, page 128
• Les contraintes, page 147

• **Séances régulières**

Mes objectifs

Initiation au travail théâtral.
Acquisition de techniques respiratoires et vocales.
Développer l'imagination, la cohésion du groupe.

Mon temps disponible

Une heure par semaine.

Ma première séance au cycle 2

- 1... 2... 3..., page 168
- Marches contrastées, page 180
- Images fixes, page 79
- Le grommelot, page 116

Ma première séance au cycle 3

- Images fixes, page 79
- Arrêt sur image, page 188
- Attirer l'attention, page 53
- Plus ! plus ! plus !, page 185
- Regarde, c'est drôle, page 74

On peut choisir de consacrer certaines séances à un travail plus précis : l'expression physique, le rire, l'invention, la voix, etc. Mais il ne faut pas que cela devienne la règle, la diversité étant le meilleur atout du professeur puisqu'elle renouvelle l'attention de ses élèves.

Séance sur le rire (cycle 3)

- La pompe, page 43
- Rires en douce, page 73
- Au téléphone, page 92
- Les chaises magiques, page 85

Séance sur l'expression physique (cycle 2 et cycle 3)

- Le cri sauté, page 71
- Images fixes, page 79
- Obstacles imaginaires, page 140
- Régler une cascade, page 136

Séance sur la respiration et la voix (cycle 2 et cycle 3)

- La pompe, page 43
- Très près, très loin, page 49
- La voix, page 50
- Attirer l'attention, page 53

Séance sur l'invention et l'improvisation

- Histoire en couleurs, page 190
- Toutes les façons de..., page 89
- La forêt tropicale, page 192
- Les contraintes, page 147

• **Séances régulières, création d'un spectacle**

Mes objectifs

Travail régulier sur l'expression orale et physique.
Travail théâtral sur les personnages, les sentiments.
Monter un projet commun (réalisation en public).

Mon temps disponible

Deux heures par semaine.

Le temps disponible (deux heures par semaine) offre la possibilité de s'entraîner régulièrement et d'envisager une réalisation commune en fin d'année (20 à 40 minutes).

Sur l'année, nous conseillons de fonctionner de la manière suivante :

• **Premier trimestre :** exercices et improvisations, travail de courts textes dramatiques. Les séances mentionnées plus haut peuvent évidemment être utilisées dans ce cadre.

• **Deuxième trimestre :** choix de la pièce ou du montage qui servira de support au spectacle. Début des répétitions (tout en continuant, en début de séance, le travail entrepris au premier trimestre).

• **Troisième trimestre :** répétitions du spectacle et représentation.

QUAND LA LECTURE DEVIENT JEU

Pratiquer la lecture à voix haute, en s'aidant des techniques théâtrales, permet d'expérimenter la lecture comme un partage et d'utiliser le texte comme un support de jeu. Il s'agit de découvrir, de ressentir et non seulement d'expliquer, tout en permettant aux élèves de transformer leur rapport au texte écrit, en améliorant leurs techniques d'expression.
Au lieu de recevoir passivement les textes proposés, l'enfant les jouera *avec et pour* les autres.
L'animateur mettra en avant le besoin pour les lecteurs d'accorder la voix, le corps et le texte, en soulignant les règles à respecter : anticipation du regard sur le texte, travail de la voix, interprétation...

▲ Règle de base

On peut mettre en place un rituel à pratiquer systématiquement, avant la lecture (exemple : respirer obligatoirement très fort avant de commencer, essayer de visualiser le « dessin du texte », repérer le nombre de points, etc.).
Le lecteur devra :
• adopter une position qui facilite une bonne respiration ventrale (se redresser, avoir de bons appuis au sol ou sur son siège);
• tenir le texte à une distance suffisante pour qu'on puisse voir son visage;
• regarder de temps en temps ceux qui l'écoutent.
L'auditoire devra montrer une attitude d'écoute, par le silence, le regard, la posture.
Mise en place : on peut comme pour le théâtre distinguer symboliquement un espace du lecteur et un espace du public – quand on est dans l'espace de lecture, on devient le conteur. Suivant les exercices, on jouera de la distance entre le lecteur et ses camarades pour l'obliger à pousser la voix et amplifier son expression. Dans le cas de textes dialogués, on pourra aussi jouer de la distance qui sépare les deux lecteurs.

▲ Lectures en chœur

Le texte court (pas forcément théâtral) est lu par toute la classe ensemble. On lit pour jouer, sans s'occuper du sens, en suivant soit un rythme, un volume sonore ou un accent. On peut décider d'organiser le groupe comme un orchestre ou une chorale, en lisant en canon, en isolant des solistes, ou en créant un fond sonore. La lecture en chœur permet de faire travailler plusieurs élèves à la fois.

Exemples :
- *Une partie de la classe face à l'autre moitié qui l'écoute.*
- *Un élève lit un texte en s'adressant à un chœur d'élèves qui le reprend en écho avec des consignes différentes : avec énergie, très lentement, en étirant chaque syllabe...*

▲ Lectures en relais

À chaque changement de lecteur, l'animateur impose une contrainte différente (avec un accent, lentement, très vite, en murmurant, en bégayant, en se pinçant le nez, en mangeant, en étant endormi, etc.).

▲ Lectures avec contraintes techniques

Chaque lecteur va devoir lire son texte suivant une ou plusieurs contrainte(s).
– En déstructurant le rythme, interdiction de s'arrêter aux points ou de marquer la ponctuation. Le lecteur devra tout faire pour dire le texte exact mais le rendre incompréhensible à cause de cette déstructuration.
– En cassant le rapport logique entre gestuelle et sens, le lecteur devra, par exemple, prendre un air endormi en lisant un texte relatant une action dynamique, etc.
– En mettant excessivement en valeur les voyelles ou les consonnes. Exemples : *appuyer sur les « p », les « b » et les « t », dire tous les « e » muets, etc.*

▲ Mémorisation

La classe est partagée en deux (lecteurs et receveurs). L'animateur a découpé un court texte en phrases : chaque lecteur lira sa phrase, sur le ton de son choix, puis les receveurs devront redire le texte de mémoire. L'intérêt de l'exercice est d'obliger les uns à vraiment écouter (on peut demander aux auditeurs d'écouter les yeux fermés), et les autres à lire pour être entendus, pour communiquer.

▲ Lectures-découvertes

Les lecteurs ont choisi en secret un texte chez eux et le lisent à toute la classe. Seuls les lecteurs ont le texte sous les yeux.

▲ Lectures en puzzle

Le texte tronçonné en petits extraits est distribué en désordre aux lecteurs. Chaque lecteur lit son extrait, puis les auditeurs essaient de remettre le texte dans le bon sens. Une fois le choix arrêté, les lecteurs lisent dans l'ordre décidé ; on confronte avec le bon texte.

▲ Réalisation de cassettes enregistrées

Une fois par mois, toute la classe enregistre un conte sur cassette ou CD. Suivant le résultat, on peut offrir cette réalisation à l'école maternelle d'à côté ou à l'hôpital.

▲ Mise en espace (et en voix) d'un texte

On demande aux lecteurs de lire, debout, leur texte en jouant une situation très précise :
– La confidence (l'un en face de l'autre avec une main posée sur une épaule).
– Le discours (placer un élève à une extrémité de la classe comme pour haranguer une foule).
– L'incompréhension (le lecteur doit être très étonné par ce qu'il lit, et prendre à partie par le regard et le geste ceux qui l'écoutent comme pour leur demander ce qu'ils en pensent).
– Le messager (le lecteur joue qu'il vient de parcourir des kilomètres ; il est essoufflé mais doit arriver à lire son texte le plus clairement possible).
– L'inquiétude (le lecteur sait que ce qu'il lit ne plaît pas du tout à son auditoire et craint sa réaction).
– Le secret (le lecteur lit son texte comme si c'était un secret).

▲ Le mot interdit

On lit le texte à tour de rôle avec interdiction de dire un mot précis (que l'on remplacera par un son, par exemple, ou par un geste). Suivant le niveau des élèves, on choisira un mot très courant ou non *(exemples : lire sans jamais prononcer le pronom « tu », lire sans jamais prononcer le nom du héros).*

CONSEILS EN VRAC

▲ La première séance

La première séance est très importante. Elle doit instaurer des règles claires qui devront être respectées tout au long de l'année : engagement de tous, respect et écoute, sérieux dans le travail (ce qui n'empêche pas le rire et la gaieté, quand les prestations s'y prêtent), etc. Le contenu, quant à lui, doit paraître presque « facile », rassurer les enfants, leur donner envie d'aller plus loin, d'oser de plus en plus. Les séances suivantes aborderont des exercices plus élaborés ou plus difficiles à exécuter, demandant une plus grande implication.

▲ L'engagement de l'enseignant

Mener une séance de théâtre n'est pas de tout repos. Outre la préparation en amont (*à ce sujet, voir le chapitre « Quelques exemples de séances », p. 19)*, le travail avec les élèves exige une grande implication de l'enseignant. Celui-ci guide, encourage, explique, stimule, répète, relance. L'attention doit être constante et l'engagement total. Le maître, qui sait exactement ce qu'il veut obtenir des élèves, doit être convaincant parce que convaincu. Il aura le plaisir de découvrir ses élèves sous un autre jour et réciproquement.

▲ L'attitude face aux élèves

L'enseignant sera encourageant, positif et constructif, jamais avare d'explications, de précisions, de mises au point. Il soulignera les réussites de chacun *(« Tu as bien parlé fort », « L'histoire était très claire », « Ton personnage était rigolo », « Ce moment était très bien joué », etc.)*, tout en soulignant les passages à améliorer *(« Tu étais de dos, c'est dommage : on ne t'a pas vu ! », « Tu penseras à parler plus fort la prochaine fois », « Je n'ai pas bien compris l'histoire : peux-tu me l'expliquer ? », etc.)*. Il aura à cœur d'installer une atmosphère de confiance et de respect.
À proscrire absolument : « casser » l'élève par des remarques désagréables ou négatives *(« C'était nul ! »)*, le ridiculiser aux yeux des autres, le dévaluer. Mais apprendre à l'enfant à accepter qu'on le reprenne et que l'on peut critiquer son travail sans le mettre en cause personnellement.

▲ La progression du travail

Chaque enfant a son rythme, et tous ont des facilités dans des domaines et des blocages dans d'autres ! Tel élève aura une imagination débordante, mais sera coincé physiquement ; un autre aura naturellement une voix forte et expressive, mais des difficultés de concentration ; un troisième

sera capable de camper un personnage, mais aura du mal à jouer avec les autres... Le professeur tiendra évidemment compte de la composition de son groupe pour la préparation de ses séances de travail théâtral.
Il ne faut pas vouloir obtenir de « résultats » tout de suite : ce n'est pas en quelques séances que les élèves seront capables de jouer *in extenso* une pièce de Molière ou *a fortiori* de rivaliser avec des acteurs professionnels (ce qui n'est pas le but recherché, rappelons-le). Mais petit à petit, pas à pas, les élèves pourront prendre conscience de leurs possibilités et apprendre à les exploiter, acquérir des techniques (relaxation, souffle, etc.), et surtout prendre du plaisir à agir, à être sur scène devant les autres, à construire ensemble une histoire.

▲ Installer un rituel

Ce peut être, par exemple, une façon de faire l'appel propre à l'atelier théâtre *(voir « Roi et reine en rimes », p. 164)*, le même exercice pour démarrer chaque séance *(voir « Le courant passe », p. 176)*, ou pourquoi pas un « cri de guerre » ou plutôt un « cri de concentration ».

▲ Pour former des groupes

Il est toujours assez difficile d'imposer tel ou tel choix. C'est pourquoi l'animateur pourra de temps en temps décider de mettre dans le même groupe ceux qui ont des chaussures à lacets, ceux qui ont des pulls de couleur, les cheveux blonds contre les cheveux bruns, etc. Bref, une méthode comme une autre pour séparer en douceur les inséparables. On essaiera de mélanger les élèves, en évitant que les « forts » fassent toujours leurs improvisations ensemble – mais attention de les laisser choisir de temps en temps.

▲ Au théâtre, on apprend en faisant

Faire du théâtre, c'est aussi « apprendre à essayer ». N'oubliez jamais que le travail théâtral est fait de détours, de bonds et rebonds, de hasards et d'imprévus et que parfois du tâtonnement arrive la réussite. Pour les élèves, l'atelier théâtre doit être le lieu où il ne faut pas avoir peur de se tromper, d'essayer et recommencer.

▲ Rebondir sur chaque événement

Profiter de chaque événement, petit ou grand, qui vient perturber la vie de l'école pour le remettre en scène pendant l'atelier théâtre (attention aux psychodrames). De même, au cours des exercices, servez-vous des trouvailles ou des échecs des élèves pour les emmener plus loin (un élève n'arrive pas à reprendre son souffle et on en profite pour refaire tous ensemble quelques exercices de respiration ; une improvisation qui « marche bien » et on décide de la retravailler pour faire une petite représentation de fin de séance).

▲ Quand arrêter un exercice?

L'animateur doit savoir ce qu'il attend comme résultat pour juger si l'exercice est fini (abouti) ou non. En improvisation, on demandera aux élèves de ne pas dépasser deux ou trois minutes par passage, sauf cas exceptionnel : c'est amplement suffisant. Si l'improvisation s'enlise, l'animateur peut intervenir pour que les acteurs jouent une fin et au pire arrêter lui-même l'improvisation, en cherchant aussitôt avec tous les élèves quelle chute on aurait pu trouver. Pour les petits qui ont souvent du mal à changer d'exercice, les consignes devront être précisées dès le départ : « *On le fera deux fois par personne, pas plus.* »

▲ Le cahier de personnages

Demander en début d'année à chaque enfant de se constituer une liste de personnages, de situations et de caractères, voire d'événements qui pourront enrichir au fil de l'année ses improvisations.

Il suffit d'un petit cahier (ou d'un carnet) où ils vont noter toutes les idées de situations qu'ils observent ou imaginent : pendant le cours de théâtre, au fil de leurs lectures, en regardant des films, en observant leur vie quotidienne.

On pourra, lors de certaines séances, échanger ces différentes idées afin d'enrichir les cahiers des uns et des autres. On insistera sur le fait que le cahier doit être leur « cahier de mémoire » (comme un cahier de croquis pour un peintre), et qu'ils peuvent le remplir comme ils souhaitent (ou peuvent) : toutes les idées sont les bienvenues (exemple : le vieux monsieur du square qui donne à manger aux pigeons).

Pour les plus jeunes qui ont vraiment du mal à écrire eux-mêmes, le cahier peut être commun à toute la classe. On le remplit à chaque début de séance, en notant les nouvelles idées des uns et des autres.

Refusez les personnages trop médiatisés de la vie réelle ou de la fiction du moment (Batman et autres stars du petit écran).

▲ J'ai pas d'idées

Il arrive que les enfants soient à court d'idées quant aux sentiments à jouer. C'est pourquoi il peut être utile d'avoir avec soi une liste de sentiments, d'états ou d'attitudes :

- Amoureux
- Apathique
- Autoritaire
- Avare
- Bagarreur
- Bavard
- Beau
- Brusque
- Calme
- Casse-cou
- Choqué
- Coquet
- Costaud
- Cruel
- Découragé
- Déçu
- Dédaigneux
- Dégoûté
- Dubitatif
- Égoïste
- En colère
- Endormi
- Énergique
- Extravagant

– Fâché
– Fantaisiste
– Faussement triste
– Ferme
– Furieux
– Gai
– Généreux
– Gourmand
– Grincheux
– Guilleret
– Hautain
– Hésitant
– Heureux
– Honnête
(malhonnête)
– Horrifié
– Hostile
– Hyperactif
– Hypocrite
– Imperturbable
– Indécis
– Inquiet
– Insensible
– Irrésolu
– Jamais content
(toujours content)
– Jovial
– Laid
– Lent
– Malade
– Maladroit
– Malchanceux
– Malicieux
– Maniaque
– Méchant
– Méfiant
– Mélancolique
– Méprisant
– Modeste
– Moqueur
– Mou
– Nerveux
– Optimiste
– Peiné
– Pessimiste
– peureux
– Poli (malpoli)
– Qui sait tout
– Radin
– Rêveur
– Rusé
– Scandalisé
– Sentimental
– Sévère
– Songeur
– Souffreteux
– Soupçonneux
– Sournois
– Sûr de lui
– Surpris
(un peu, beaucoup,
énormément)
– Tendu
– Têtu
– Timide
– Très doux
– Très jeune
– Très vieux
– Tricheur
– Triste
– Trop sage
– Tyrannique
– Violent

▲ Suivre l'actualité

Suivre, surtout pour les thèmes d'improvisations, de tableaux vivants et de saynètes, l'actualité directe ou indirecte des enfants (Noël, carnet de notes, sorties scolaires, victoire ou défaite sportive, événement international...). L'atelier théâtre pourra aussi, au contraire, permettre à tous d'oublier, le temps d'une séance, une actualité trop envahissante.

▲ Classe très faible ou non francophone

Ne pas hésiter à simplifier à l'extrême les exercices. Pour certains élèves, arriver à dire une même phrase tous ensemble ou réussir à oser seulement rester deux minutes en scène devant les autres sont déjà de véritables victoires. S'en contenter n'est absolument pas renoncer à toute ambition mais constitue une première étape qu'il ne faut pas déprécier.
Avec des classes non francophones, on travaillera surtout les exercices de groupes et d'expression corporelle. Les consignes des exercices doivent être très simples ; c'est en fonction de l'évolution que l'animateur incitera les élèves à aller plus avant.

▲ Les « gros mots »

La séance de théâtre est un nouvel espace de liberté pour les enfants, habitués à travailler toute la journée assis sur une chaise. Cette liberté ne doit pas laisser croire à l'élève que tout est permis ! Attention donc aux comportements « sans-gêne », aux réflexions désagréables que certains pourront être tentés de dire à leurs camarades et aux relâchements langagiers en général... Nous avons comme règle de ne jamais autoriser les gros mots en atelier théâtre (ce qui peut parfois être tentant au cours de certaines improvisations...). Le respect du travail de tous passe aussi par ce code de bonne conduite.

Notre « truc » : s'il est difficile de les contenir, on instaure la règle suivante qui consiste à remplacer chaque terme grossier par un mot anodin (« chaussure » à la place de « merde », « potiron » à la place de « putain », etc.).

▲ Les enfants perturbateurs

Un enfant qui perturbe un groupe peut gâcher le travail en cours. L'enseignant doit être ferme, juste et ne pas tolérer de comportements risquant de mettre en péril la cohésion de la classe. La mise à l'écart temporaire (sur un exercice, sur une partie de la séance) permet de faire comprendre à l'élève en cause que chacun doit respecter les mêmes règles du jeu. Le fait de voir ses camarades participer, s'amuser, jouer donnera à l'élève, isolé pour un temps, l'envie de se calmer pour venir rejoindre le groupe.

▲ L'univers de la télé

L'imaginaire de l'enfant se construit au fil de ses lectures, de ses études et plus généralement de ce qu'il voit autour de lui. Nous le savons, tous les enfants sont très influencés par la télévision qui déploie des tactiques sans cesse renouvelées pour séduire et fidéliser ces jeunes téléspectateurs.

En improvisation théâtrale, les jeunes acteurs sont souvent tentés de jouer les « produits » du petit écran, ce qui doit être refusé systématiquement. L'atelier théâtre ne doit pas être une pâle copie de l'univers télévisuel, mais un lieu d'inventions, de surprises, d'expérimentations et d'émotions partagées entre des êtres vivants : spectateurs et acteurs. L'enseignant demandera donc d'inventer des personnages, de leur créer une vie et un comportement original. *(Voir à ce sujet « Le cahier de personnages » ci-avant.)*

▲ Les enfants trop timides ou réticents

L'activité théâtrale, en temps scolaire, s'adresse à une classe entière et réunit des enfants plus ou moins volontaires. Généralement, l'enthousiasme est de mise, doublé par la perspective éventuelle d'un spectacle à donner en public. Mais il peut arriver que l'enseignant se trouve en présence d'enfants

trop timides ou réticents à l'idée de se produire devant les autres (élèves ou spectateurs). L'enseignant aura bien sûr à cœur de les encourager, de proposer des exercices de groupe (moins stressants que le jeu seul face au public), d'insister pour que l'enfant ose se lancer... mais sans pour autant tomber dans le harcèlement ! Tout est question de dosage et il est parfois bon de laisser un enfant regarder le travail sans participer. Il faut lui laisser le temps d'apprivoiser cette nouvelle discipline : c'est en regardant jouer ses camarades qu'il aura envie de les rejoindre.
Tous les élèves doivent trouver leur place au sein de l'atelier. On peut leur proposer d'autres rôles que celui d'acteur :

- assistant à la mise en scène (lui demander, par exemple, de repérer si les acteurs parlent assez fort, s'ils sont bien visibles du public) ;
- accessoiriste (établir la liste des accessoires nécessaires, les trouver et les réunir) ;
- décorateur (peindre un panneau, ajouter des éléments à une table pour l'enjoliver, etc.) ;
- affichiste (concevoir et réaliser l'affiche du spectacle, les invitations, le programme) ;
- répétiteur-souffleur (aider les acteurs à répéter leur texte, leur souffler les répliques pendant les répétitions et la représentation), etc.

▲ L'exercice en plus

Demander à un élève de préparer pour la prochaine séance un exercice qu'il proposera aux autres, ou laisser régulièrement à la classe le choix du dernier exercice de la séance.

MODE D'EMPLOI DU LIVRE

Le Théâtre à l'école primaire se veut avant tout un livre pratique. Proposant des exercices variés, il est structuré en quatre parties principales permettant au maître de puiser librement dans chacune d'elles pour composer son atelier, en fonction de ses objectifs pédagogiques, des motivations, des capacités de ses élèves et du temps dont il dispose.
L'enseignant a tout intérêt à alterner au cours de sa séance les exercices individuels et les exercices collectifs afin de renouveler l'intérêt et l'attention de ses élèves. Les exercices individuels permettent à l'enfant d'être en action, de se démarquer du groupe et de prendre la parole en tant qu'individu autonome. Les exercices collectifs apprennent la solidarité, l'interdépendance, le travail en commun vers un but précis.
Les exercices sont regroupés dans les chapitres suivants :

ENTRAÎNEMENT INDIVIDUEL : exercices pour un participant. (Certains exercices peuvent s'exécuter en groupe. Chaque enfant travaillant pour soi.)
Objectifs : appréhender des techniques et des jeux visant à améliorer sa diction, sa gestuelle, etc ; en regardant ses camarades et en se produisant soi-même, comprendre l'engagement physique individuel nécessaire à l'expression ; s'exercer à prendre la parole en public, à trouver en soi matière à argumenter, expliquer, raconter, synthétiser.

À DEUX : exercices pour deux participants.
Objectifs : jouer avec un autre, aiguiser son sens de la répartie, développer un dialogue en respectant des consignes (caractère des personnages, contraintes langagières, situation donnée, etc.) ; savoir écouter l'autre et ses propositions dans le jeu ; prendre en compte la présence du public (ne pas jouer de dos, se faire entendre et comprendre, etc.).

PETITS GROUPES : exercices pour trois à six participants.
Objectifs : construire ensemble rapidement une histoire à plusieurs personnages en déterminant précisément le début, le développement et la fin ; jouer avec les autres ; les écouter et rebondir sur leurs propositions de jeu ; aborder des notions de mise en scène et de style ; comprendre et utiliser les codes théâtraux.

ENSEMBLE : exercices pour sept participants et plus.
Objectifs : mettre son énergie, son engagement au service du groupe. Composer une atmosphère ; développer son sens du rythme. Expérimenter l'interdépendance et la solidarité ; s'entraîner à la synchronisation ; jouer tous dans la même énergie ; savoir intervenir dans une improvisation à plusieurs ; conduire une action/laisser les autres la mener.
Des passerelles existent presque toujours entre ces différents types d'exercices (par exemple, un exercice à deux peut donner lieu à un prolongement nécessitant la participation de tous, des exercices individuels peuvent se faire en petits groupes, etc.).

CYCLE 2 ET CYCLE 3

À titre indicatif, nous précisons, au début de chaque exercice, à quel cycle il s'adresse plus particulièrement. Vous trouverez à l'index un tableau récapitulant les exercices par cycle 2 ou 3.
Cependant, l'expérience nous prouve qu'il est parfois souhaitable et bénéfique de faire travailler des exercices apparemment « trop simples » aux enfants du cycle 3, et inversement. Les plus jeunes sont parfois capables de se lancer avec plaisir dans des improvisations compliquées ! Tout dépend du groupe en présence, de ses capacités et du but que l'on s'est fixé.

GLOSSAIRE

Au théâtre, il est nécessaire d'employer tous le même langage, de savoir la différence entre la scène et les coulisses, le côté cour et le côté jardin...

DEUXIÈME PARTIE

ENTRAÎNEMENT INDIVIDUEL

Ensemble ; chacun pour soi

Cycle 2/Cycle 3
Relaxation

1

LE RUBAN DE COULEUR

▲ Déroulement

Se décontracter en se concentrant uniquement sur sa respiration est un exercice très important pour une mise en route, mais beaucoup d'enfants rechignent à le faire (« *J'aime pas quand tu veux qu'on fasse semblant de dormir* »). L'exercice qui suit les aidera à y arriver mais en s'amusant.
Les élèves sont allongés sur le dos (les bras le long du corps ou les mains sur le ventre), les yeux fermés. On attend que le calme s'installe tout à fait dans la salle, puis l'animateur leur demande, tout d'abord, de simplement contrôler leur respiration en inspirant le plus doucement possible, en expirant toujours très doucement et très lentement (par la bouche, en l'arrondissant). L'adulte explique qu'un mouvement bien fait donne à son exécutant un pouvoir exceptionnel : son souffle, devenu un long ruban de couleur, lui permet de repeindre ce qu'il veut, où il veut. Pour cela, il suffit de souffler le plus lentement et le plus longtemps possible en imaginant ce long ruban qui s'envole de sa bouche jusqu'à sa cible.
Dans un premier temps, les enfants s'entraînent en imaginant simplement que le ruban de couleur emplit toute la salle et la repeint de la couleur choisie par eux. Ils peuvent ensuite envoyer leur ruban imaginaire repeindre ce qu'ils veulent où ils veulent.
Lorsqu'ils ont fini et sont contents du résultat, ils ouvrent doucement les yeux, se relèvent lentement, sans brusquerie, et s'assoient en attendant que tous les autres participants aient fini.

▲ Remarques

L'animateur peut avant de laisser s'installer le silence suggérer quelques idées :
– Pour les plus jeunes : repeindre le bureau de Papa ou Maman au travail en couleur gaie ; repeindre la maison de Mamie ; repeindre les voitures sur l'autoroute ; peindre la terre en jaune, la mer en orange, le soleil ou même les étoiles de toutes les couleurs, etc.
– Pour les autres : repeindre sa chambre ; repeindre la cour de récréation en vert fluo pour surprendre les camarades ; repeindre le commissariat de police du quartier ; repeindre toutes les affiches de pub ; etc.

Exemple :
« Votre souffle devient un long ruban de couleur. Rose, bleu nuit, bleu ciel, vert, violet, jaune, comme vous voulez. C'est vous qui choisissez... Maintenant vous soufflez doucement, le plus régulièrement possible et votre ruban devient de plus en plus grand, de plus en plus long... C'est beau... C'est calme... Vous êtes de vrais magiciens. Le ruban emplit toute la pièce... Soufflez doucement, très doucement, il s'envole... Il arrive maintenant là où vous voulez, dans le bureau de Papa et le bureau devient tout jaune. Chez Grand-Mère, son jardin est tout bleu et Grand-Mère regarde en riant les roses qui bleuissent : ah si elle savait que c'est votre souffle ! Soufflez doucement... Inspirez, soufflez. » Puis, quand il voit que tous les enfants sont « partis », l'animateur laisse s'installer le silence.
On peut mettre en fond une musique douce pendant l'exercice.
À la fin de l'exercice les plus jeunes aiment raconter ce qu'ils ont fait, l'adulte aura à cœur de les écouter tous en essayant malgré tout de ne pas se laisser déborder. Il pourra ainsi en profiter pour noter les idées originales et s'en servir ultérieurement comme exemples pour faire faire l'exercice. À ceux qui n'ont pas eu d'idées, qui n'ont pas réussi à imaginer un lieu, l'animateur précisera qu'on refera l'exercice dans l'année et qu'ils pourront certainement y arriver la prochaine fois.

▲ À noter

Cet exercice est avant tout un exercice basé sur le travail respiratoire. Vérifier que chaque enfant en profite pour développer une respiration lente et régulière.

Ensemble ; chacun pour soi

Cycle 2/Cycle 3
Relaxation

2

L'OISEAU

▲ Déroulement

Tous les enfants sont assis en cercle, le plus large possible.
On demande à chacun d'imaginer qu'il se trouve en présence d'un magnifique oiseau, dont il doit visualiser les détails : couleurs, forme du bec, grandeur, etc.
L'adulte leur annonce que cet oiseau est venu pour eux et qu'ils peuvent le caresser, le prendre dans leurs mains, le cajoler, etc.
Puis l'oiseau a quelque chose à dire : un secret ! Chaque enfant se penche pour écouter son oiseau et peut lui répondre à voix basse s'il le souhaite.
L'animateur explique aux enfants que l'oiseau est vraiment leur ami : ils vont le poser sur leur épaule et pourront faire quelques pas avec lui. Ils doivent rester très doux et très calmes pour que l'oiseau reste bien à l'aise sur leur épaule. On leur demande juste de relever très légèrement l'épaule sur laquelle est l'oiseau pendant qu'ils marchent, tout cela doit se faire avec le moins de bruit possible et sans brusquerie pour ne pas effrayer l'oiseau.
L'oiseau voudrait maintenant retrouver sa liberté. Les enfants le prennent dans leurs mains et, quand ils sont prêts, ils le lâchent vers le ciel, en accompagnant le mouvement. Ils font un dernier geste de la main pour lui dire adieu, et le regardent s'envoler en l'admirant.

▲ Remarques

Conduits tout au long de l'exercice par la voix calme de l'adulte, les enfants doivent essayer de visualiser et de sentir leur oiseau avec un maximum de détails. Ce travail offre à tous un moment de paix et de sérénité.
Les mouvements doivent être exécutés lentement, le plus sincèrement possible. Si des élèves ont des difficultés, il vaut mieux qu'ils arrêtent l'exercice et attendent tranquillement que leurs camarades aient fini plutôt que de tricher ou de faire semblant.

▲ Variantes

➠ Les enfants doivent visualiser devant eux une bougie, essayer d'en sentir la chaleur et d'en imaginer la flamme qui vacille au fil de leur souffle.

➠ On demande aux enfants d'imaginer qu'ils ont devant eux un citron, de le voir, de le soupeser, puis ils vont mordre dedans, mais le citron est très acide. On peut leur proposer d'imaginer un autre aliment ou leur plat préféré ou détesté.

➠ Chaque enfant imagine une odeur et prend le temps de la sentir et de chercher d'où elle vient. *(Voir exercice « Les odeurs », p. 88.)*

➠ Chaque enfant imagine un bruit et cherche d'où il vient.

➠ Allongés sur le sol, on demande aux enfants d'imaginer qu'ils flottent sur l'eau. La sensation est très agréable.

➠ Assis en tailleur, les enfants sont sur un nuage ; ils volent dans le ciel en regardant ce qui se passe sur terre.

▲ À noter

On insistera sur le côté agréable de chaque exercice, en demandant aux enfants d'en profiter pour se relaxer et se détendre. Au fil de l'année, on pourra théâtraliser ces exercices en indiquant au fur et à mesure des consignes plus précises *(exemples : le nuage passe au-dessus de la cour de l'école ; vous essayez d'appeler vos camarades pour qu'ils vous voient ; etc.)*.

Un par un

Cycle 2/Cycle 3
Concentration
Relaxation

3

UNE MINUTE DE SILENCE

▲ Déroulement

Chaque élève passe, tour à tour, sur scène, en respectant une consigne très simple : rester une minute entière face au public sans rien dire et ne rien faire jusqu'au « top » de l'animateur.

▲ Remarques

On donnera aux enfants quelques indications simples qui leur permettront de tenir et d'oser affronter le regard des autres.
– Aller vers le public : avancer.
– Se poser en centre scène et écarter légèrement les bras (geste d'ouverture vers les autres).
– Regarder tout le monde (entrer en relation).
– Se poser (expirer/souffler).
– Sourire (faire plaisir).
Apparemment tout simple, cet exercice réclame néanmoins beaucoup d'assurance (il n'est pas aisé de rester une minute sans rien faire face aux autres). On recommandera aux élèves de ne pas bouger, de ne pas rire, de ne pas montrer qu'ils trouvent le temps long, etc.
Le rôle primordial du public sera mis en avant : respect de celui qui est sur scène et bienveillance seront de rigueur. Au bout de quelque temps, on pourra proposer à ceux qui le veulent de tester les différentes sensations que peut faire ressentir un public, en respectant pour l'acteur la consigne de ne rien faire, tandis que le public pourra jouer soit l'intérêt, soit le manque d'intérêt, en veillant toujours à ne jamais blesser celui qui est sur scène.
Très intéressant mais aussi très déroutant pour les enfants qui ont parfois de gros problèmes de concentration ou de timidité, cet exercice ne pourra se faire qu'en milieu d'année, quand le groupe sera suffisamment uni et à l'écoute des uns et des autres.

Ensemble ; chacun pour soi **Cycle 2/Cycle 3**
Respiration

4

LA RESPIRATION

▲ Déroulement

On explique d'abord que la respiration se décompose en deux temps : l'inspiration (prendre l'air) et l'expiration (vider l'air).

Inspiration *(La prise d'air par la bouche assure l'ouverture des cavités et prépare le corps pour l'émission du son. L'inspiration provoque l'ouverture latérale du bas des côtes et l'abaissement du diaphragme vers l'abdomen. Dans le temps, c'est une respiration abdominale puis costale : le ventre se gonfle puis c'est la cage thoracique qui s'ouvre.)*
Pour simplifier, on expliquera aux enfants qu'il faut d'abord remplir le ventre d'air (leur montrer la ceinture abdominale) et ensuite les poumons.
On prendra l'exemple du ballon de baudruche qui, pour être bien gonflé, se remplit d'abord par le fond puis s'ouvre de plus en plus jusqu'au bec.
On expliquera que, si l'acteur (l'orateur) ne gonfle que ses poumons, il sera gêné dans son jeu. En effet, cette respiration l'empêche de s'ouvrir totalement, diminue la quantité d'air dont il peut disposer et l'oblige à reprendre plus souvent son souffle.

Expiration : elle doit être régulière, ni trop molle, ni trop accentuée. On vide d'abord l'air contenu dans le ventre puis celui des poumons.
La pratique de la respiration pourra se faire de deux façons : soit au sol, soit debout.

Exercice au sol

Tous les élèves sont allongés sur le dos, mains croisées sur le ventre, le nez et la mâchoire sont en alignement avec le nombril et le coccyx.
L'animateur laisse les participants se détendre quelques secondes puis il les guide en les accompagnant de la voix. Il demande que l'inspiration se fasse par le nez et l'expiration par la bouche pour bien différencier les deux processus.
1. Tout le monde expire, on vide tout l'air possible du ventre et des poumons.
2. Au « top-inspirez » (« prenez l'air » pour les plus jeunes), les élèves inspirent en veillant bien à « envoyer » d'abord l'air dans le ventre. Ils

doivent sentir leurs mains s'ouvrir légèrement en accompagnement de l'air qui gonfle le ventre. On compte cinq temps.

3. Au « top-soufflez » (« videz l'air » pour les plus jeunes), les élèves expirent en pensant à vider d'abord le ventre puis les poumons. On compte huit temps.

4. Au « top-on bloque », les élèves restent en apnée sans reprendre leur respiration. On compte trois ou quatre temps.

Puis on recommence.

L'animateur peut ensuite, tout en prodiguant ses conseils à voix haute, passer d'élève en élève pour les aider individuellement, et vérifier qu'ils pratiquent correctement la respiration abdominale.

Certains élèves, déjà entraînés à cette technique respiratoire (judo, kiné respiratoire, etc.), pourront aider leurs camarades novices.

Exercice debout

1. Avant de pratiquer l'exercice proprement dit, on montre aux élèves la bonne position à adopter (en prenant un participant comme modèle, par exemple).

– Ils doivent trouver une position stable, les pieds légèrement écartés, le corps bien droit (le poids du corps reposant sur la plante des pieds).

– Les chevilles et les genoux sont droits mais souples, le bassin équilibré sans cambrure excessive des reins.

– Les bras sont le long du corps (jamais croisés !) ; attention de ne pas faire ressortir les omoplates.

– Les épaules (en position basse) sont relâchées ainsi que les muscles du cou.

– La colonne cervicale est étirée vers le haut afin d'assurer la mobilité du larynx (cou allongé).

– Les muscles du visage sont eux aussi relâchés, la mâchoire souple.

– La tête et le regard sont droits.

2. Tous les élèves se mettent en place, dans la bonne position, et on commence (cette fois-ci, les élèves inspireront et expireront par la bouche ; la prise d'air par la bouche assure l'ouverture des cavités et prépare le corps pour l'émission du son).

• Pour l'inspiration, vérifier que les élèves :

– ne soulèvent pas les épaules ;

– ne prennent pas trop d'air (risque de crispation) ;

– ne sortent pas le ventre de manière exagérée, mais qu'ils pensent à ouvrir latéralement les côtes.

• Pour l'expiration : on leur demandera d'essayer de sentir le travail du diaphragme. Bien insister sur le fait qu'une pression trop faible entraîne un effort superflu de la musculature du larynx, tandis qu'une pression trop forte conduit à une tension exagérée des cordes vocales.

▲ Remarques

Pour comprendre le phénomène de la pression, on pourra demander aux élèves de souffler de l'air froid sur leurs doigts en essayant de garder un souffle constant ou d'imaginer qu'ils font voler une plume d'oiseau à hauteur constante (pour les plus petits, on peut leur proposer de faire voler un bisou qui ira rejoindre la personne de leur choix).

Afin d'aider les enfants à trouver la bonne position, on peut leur indiquer quelques moyens de décontraction : soulever alternativement les épaules puis les relâcher, effectuer des rotations lentes du cou dans les deux sens, masser le cou pour détendre les muscles cervicaux, masser les joues pour détendre les muscles du visage.

Il n'est pas rare que les enfants boudent cet apprentissage, l'animateur prendra à cœur de leur en expliquer l'intérêt.

Les exercices précédents sont à pratiquer régulièrement, quelques minutes par séance.

Ensemble ; chacun pour soi

Cycle 2/Cycle 3
Respiration

5

EXERCICES DE RESPIRATION

Avant de commencer les exercices, on demandera aux enfants de « sentir » ce qui se passe à l'intérieur de leurs bouches quand ils soufflent, en fermant la bouche et en jouant avec l'air qu'ils ont à l'intérieur en le laissant échapper doucement ou par à-coups. On leur demande de souffler (rejeter à l'extérieur), sans blocage et sans tension, en prenant conscience de l'air qui circule à l'intérieur de la bouche, contre la langue, le palais, les muqueuses, le larynx et les joues, puis de laisser tout l'air s'écouler lentement en essayant d'enregistrer des sensations vécues.
Attention, il n'est pas rare de voir des enfants (ou des adultes) prendre une énorme inspiration (au risque de se bloquer ou de se retrouver en apnée) avant de commencer un exercice, alors que la décontraction et la maîtrise de l'expiration sont les vrais alliées d'une bonne respiration.

La paille (technique du phoniatre Benoît Amy de la Breteque)
« Après avoir placé fermement une paille, d'environ 5 mm, tenue d'une main entre les lèvres, vous y projetez votre souffle avec un bon débit d'air en contrôlant de la main ouverte devant l'extrémité libre. Il convient de vider vos poumons sans effort ni retenue. Le débit ne peut pas être grand, car la paille est petite. Il correspond au débit de la phonation, ni plus, ni moins. »

La pompe

Les enfants sont assis ou debout. Ils vont faire ensemble les mouvements suivants :
1. – Inspirer doucement par le nez en levant le bras gauche.
– Rester quelques secondes (deux ou trois) « bloqués » sans respirer, le bras tendu mais sans effort vers le haut.
– Puis souffler (par la bouche) en redescendant le bras.
2. Mêmes mouvements avec le bras droit.
3. Mêmes mouvements avec les deux bras ensemble. Au moment de l'expiration, on ne les redescend pas, on les arrondit en arc de cercle pour les poser doucement sur la tête.

La marionnette gonflable

Les élèves se placent deux par deux : l'un sera la marionnette, l'autre le souffleur. La marionnette est « avachie » par terre, dégonflée, le souffleur est accroupi à côté et lui tient une main. Le but de l'exercice est pour l'un de souffler lentement pour « gonfler » son partenaire, pour l'autre de se relever doucement et lentement comme s'il se gonflait au fur à mesure.
On demandera au souffleur de souffler régulièrement sur la main de sa marionnette et de se relever en même temps que son partenaire. La marionnette devra réagir à la façon de gonfler du souffleur : doucement, vite, régulièrement, par à-coups, etc.

La réaction soufflée (exercice pour les plus jeunes)

L'animateur lit une liste de propositions (ou montre des images) représentant des objets ou des situations que les enfants aiment ou n'aiment pas. Ils doivent à chaque proposition réagir en soufflant lentement quand ils aiment, en soufflant deux petits coups secs quand ils n'aiment pas.

Le ruban du magicien

Les enfants sont assis. Ils vont souffler très doucement et le plus lentement possible en mimant le fait de sortir un long ruban multicolore de leur bouche, à la façon du magicien qui sort un long foulard de sa manche.

Souffler en rythme

Les enfants sont sur scène. Ils vont devoir marcher au rythme de leur respiration : départ arrêté, inspiration, temps puis expiration en marchant, arrêt-inspiration et ainsi de suite.

Le texte soufflé

L'animateur distribue à chacun des enfants un court texte, très ponctué. Il demandera à ses élèves de « souffler » ce texte, c'est-à-dire de le lire « sans parole », en marquant les points et les virgules par des inspirations et les phrases par des expirations. On veillera à ce que le débit d'air ne soit pas linéaire et que l'on retrouve sinon le sens du texte, tout du moins son intention.

Le passage soufflé

Tous les élèves sont en ligne. Ils vont, l'un après l'autre, faire un pas en avant sur scène pour jouer une action avec pour unique moyen de communication leur façon de souffler.

Exemples :
- *Souffler sur un doigt qu'on vient de se coincer dans une porte.*
- *Venir s'asseoir sur une chaise, totalement essoufflé (après une course, etc.).*
- *Souffler de soulagement : on vient d'échapper à un danger (une réprimande).*

- *Souffler les bougies d'un gâteau d'anniversaire.*
- *Souffler dans une trompette.*
- *Gonfler un ballon.*
- *Souffler pour faire avancer son voilier miniature sur l'eau.*
- *Souffler pour ôter les restes de gomme sur son cahier.*

▲ Remarques

Ces divers exercices peuvent être exécutés en début de séance (ou juste avant une représentation) pour évacuer les tensions ou en cours de séance pour reconcentrer une classe.
On veillera à ce que les enfants ne soient jamais aux limites de l'asphyxie. L'animateur sera vigilant auprès des enfants asthmatiques, enrhumés ou présentant d'autres troubles de ce type : menés doucement, ces exercices ne présentent aucun danger pour ces enfants, au contraire.

Ensemble ; chacun pour soi

Cycle 2/Cycle 3
Respiration

6

DU VENT DANS LA CLASSE

▲ Déroulement

Les élèves, allongés sur le dos (les bras le long du corps ou les mains sur le ventre) et les yeux fermés, se décontractent en pensant uniquement à leur respiration qui devra être la plus naturelle possible, calme et douce.
Dans un premier temps, au signe de l'animateur, les enfants vont progressivement accentuer leur respiration, en inspirant (par le nez) et en expirant (par la bouche) de plus en plus profondément, jusqu'à ce que toutes leurs respirations réunies fassent comme si une tempête envahissait la salle.
Dans un deuxième temps, au signal de l'animateur, ils devront « redescendre » progressivement leur respiration pour ramener le calme et la sérénité dans la salle.
On pourra recommencer la montée et la descente une ou deux fois.

▲ Remarques

On recommandera aux enfants de ne jamais trop forcer (attention aux vertiges) : c'est le fait de souffler tous ensemble au même rythme qui doit donner l'impression de tempête. Veillez à ce que la respiration ventrale soit bien adoptée.
La classe peut être divisée en deux groupes, pour que les enfants puissent se rendre compte de l'effet donné.
Cet exercice doit évidemment se terminer par un moment de calme et on recommande aux enfants de rester quelques instants allongés avant de se relever doucement.

▲ Prolongement

On divise la classe en deux groupes : les « souffleurs » et les « roseaux ». Les « souffleurs » sont assis en tailleur en face des « roseaux ». Les « roseaux » sont debout les jambes légèrement écartées, sans tension, bras le long du corps. Les « souffleurs » commencent l'exercice en « visant » les « roseaux » qui doivent réagir au rythme des respirations de leurs camarades : calme, tempête, calme...

Ensemble ; chacun pour soi

Cycle 2/Cycle 3
Respiration

7

AUTANT EN EMPORTE LE VENT

▲ Déroulement

Tous les élèves sont placés en cercle mais dos au centre (ils ne se regardent pas), pieds légèrement écartés et mains sur la taille.
On leur demande de trouver une raison d'être en colère ou très inquiets. Cet exercice va leur permettre d'évacuer (temporairement) la raison de leur tension.
– Les enfants mettent leurs mains sur leurs genoux (légèrement fléchis), la tête vers la poitrine (dans la position du coureur qui récupère) ; ils doivent en profiter pour se concentrer et se motiver sur leur contrariété.
– Ils inspirent profondément dans cette position en laissant monter leur colère.
– Puis, au top de l'animateur, ils se relèvent et soufflent le plus fort et le plus loin possible avec la bouche pour évacuer cette colère.
– Au deuxième top de l'animateur, ils reprennent la première position, se concentrent sur un autre motif.
Et on recommence l'exercice.

▲ Remarques

Ne pas faire l'exercice plus de quatre ou cinq fois.
Ne pas brusquer les enfants qui n'y arrivent pas (pudeur) ; on leur demandera seulement d'exécuter l'exercice mécaniquement : inspiration en position légèrement fléchie et expiration forte en position relevée.

▲ Variante

La guerre des vents

On sépare la classe en deux groupes : les « typhons » et les « cyclones » qui vont s'affronter pour gagner la guerre des vents.
Les élèves se placent les uns en face des autres, sur deux lignes, le plus éloignés possible.
Ils vont exécuter le même exercice que précédemment mais ligne par ligne et à tour de rôle, pour mesurer leur force.

Au départ, les « typhons » se tiennent droits, jambes légèrement écartées, tandis que les « cyclones » prennent la position d'inspiration (mains sur les genoux, tête vers la poitrine).
– Au top de l'animateur : « Cyclones, soufflez », ils se relèvent et soufflent le plus fort possible vers les « typhons ».
– Au top de l'animateur, ils arrêtent et prennent la position de départ.
Et c'est au tour des « typhons » de montrer de quoi ils sont capables.

Attention à ce que chacun ne néglige jamais le but premier de l'exercice : le contrôle de sa respiration. Prévenir également qu'on ne doit que souffler et s'abstenir de cracher (ce qui arrive parfois) vers le camp adversaire.

Un par un **Cycle 2/Cycle 3**
Voix

8

TRÈS PRÈS, TRÈS LOIN

▲ Déroulement

Chaque enfant choisit une phrase (inventée ou extraite d'une poésie, d'un roman...) puis doit :
– la chuchoter à l'oreille des autres enfants ;
– la dire à voix normale au centre de la pièce ;
– la projeter plus fortement de la pièce d'à côté (ou du couloir) ;
– la projeter encore plus fort (mais sans hurler) d'un endroit encore plus éloigné.
Le tout doit être audible du reste du groupe.

Exemples de phrases :

- *Le chien du voisin est couvert de puces.*
- *J'adore manger des épinards à la sauce Béchamel.*
- *Félix a cassé le vase de tante Ursule.*
- *Encore un vol de parapluie au centre commercial !*

▲ Remarques

L'enfant peut appréhender, avec cet exercice, ses différentes capacités vocales, du chuchotement à l'amplitude maximale. Le but de chaque étape étant que la phrase reste compréhensible du reste des enfants.
On sera particulièrement attentif à la fin de la phrase, souvent relâchée, qui dénature l'ensemble de la phrase en la rendant incompréhensible. En effet, en français, l'intonation baisse en fin de phrase et il est tentant de laisser retomber l'énergie vocale avec !
Attention aussi à la dernière étape : les enfants ne doivent pas se laisser aller aux cris... (On leur expliquera que crier rend inaudible le texte et qu'en plus cela abîme les cordes vocales...)

Ensemble ; chacun pour soi **Cycle 2/Cycle 3**
Voix

9

LA VOIX

▲ Déroulement

Avant d'aborder tout travail de texte, il est important d'aborder le travail des sons, de l'émission, du rythme et des sentiments à exprimer.
Cette approche doit être la plus ludique possible, les jeunes enfants n'y voyant que très rarement de l'intérêt. Il faut expliquer que le corps et la voix sont les instruments de l'acteur (ou de l'orateur) et que, pour se faire entendre, il faut s'être donné les moyens d'être entendu. On leur fera sentir, par exemple, qu'une colère lancée sur une voix haut perchée et désagréable a toujours moins d'impact qu'une remontrance exprimée avec une voix ferme et posée.
La voix est un organe fragile qui nécessite un échauffement. Il est important que les élèves en prennent conscience et qu'ils apprennent à échauffer leur voix. L'animateur doit donc veiller à ce que les exercices sur la voix augmentent progressivement en intensité.
On indiquera quelques règles élémentaires :
Déglutir (tirer la langue au maximum, remonter le pied de langue puis déglutir) a pour effet de se débarrasser de certaines impuretés qui gênent la phonation, et vaut mieux que de se racler la gorge.
La clef d'une bonne émission de voix, c'est la respiration. Avant d'émettre un son, il faut prendre une profonde inspiration. Attention à ce que tous utilisent la respiration abdominale. *(Voir exercice p. 40.)*
Pour aider les enfants à bien « conduire » leur souffle, on peut organiser un concours, où chacun prend une grande inspiration, lance un son et le garde le plus longtemps sans faiblir (attention à l'apnée !).
Dans l'émission du son, la voix ne doit pas être forcée et le son ne doit pas venir de la gorge. L'attaque et l'arrêt doivent être nets. Le corps entier doit participer.

▲ Exercice

Les enfants se mettent en ligne. Ils vont envoyer leur son sur un mur (réel ou imaginaire) placé en face d'eux. La trajectoire du son doit être la plus droite et la plus précise possible.

Dans un premier temps, les enfants sont debout (jambes légèrement écartées), un bras le long du corps, l'autre plié (main à la hauteur de l'épaule), poing fermé. Le regard fixé droit devant eux, ils prennent une large inspiration, puis tendent leur bras et ouvrent la main, dans un geste sec et précis, en soufflant, sans dévier le regard. Ils doivent arrêter nettement leur geste de lanceur en laissant le bras tendu et la main bien ouverte.
Puis on recommence, mais en émettant un son cette fois : poing fermé (le son est dans la main), ils visent l'endroit en face d'eux où ils vont jeter le son, puis lancent leur son en ouvrant la main et en tendant le bras en face d'eux. Ils doivent conclure en laissant le bras tendu et la main ouverte, le temps (d'imaginer) que leur son arrive jusqu'au mur.
On refait l'exercice plusieurs fois, jusqu'à ce que chacun arrive à jeter un son net et précis.

Poser sa voix

Pour apprendre aux enfants à placer leur voix, on pourra leur proposer la technique du bâillement.
En effet, pour remonter le voile du palais et pour que le son aille frapper les résonateurs, la meilleure approche est celle du bâillement. On demande aux élèves de faire comme s'ils allaient bâiller, en tenant leur tête bien droite dans le prolongement du cou (le cou doit rester détendu), et en baissant leur maxillaire inférieur au maximum, comme s'ils voulaient que leur menton disparaisse, puis de profiter du bâillement pour émettre un son « au milieu » de l'expiration. On leur demande alors de repérer la position que prend leur tête par rapport à leur cou à ce moment-là. C'est dans cette position qu'ils pourront chercher leur timbre : menton rentré dans le cou et voile du palais remonté dans la bouche par le geste du bâillement.

Cordes vocales et résonateurs

Les enfants sont allongés dos à terre ; le coccyx doit être, autant que possible, dans l'axe du nez et de la mâchoire, les pieds légèrement écartés, la mâchoire mollement entrouverte. Laissez, au départ, s'installer le rythme d'inspiration et d'expiration le plus naturellement possible. Puis les élèves expirent en prononçant « ch » (les cordes vocales ne travaillent pas) puis « je » (les cordes vocales entrent en mouvement). On refait trois ou quatre fois cette série d'exercices.
En laissant toujours la mâchoire mollement entrouverte, les élèves font sur l'expiration une série de sons gutturaux – « a » puis « i » – en laissant le son s'échapper naturellement. Dans l'absolu, le son ne doit rencontrer aucune barrière et se mettre en résonance dans tout le corps. Refaire l'exercice avec le même principe sur « mi », « vi ».

Développer le jeu des résonateurs

En partant de la position du bâillement, on demande aux élèves de **moduler**, « bouche fermée », sur « mmm » sans aucune contrainte ou crispation au niveau de la mâchoire ou du cou mais en dirigeant bien le son vers le résonateur supérieur (fosses nasales) et sans avoir peur de bien sentir vibrer la zone nasale. Puis faire résonner le « ng » comme à la fin de « ring » mais, cette fois-ci, en ouvrant la bouche et en laissant tomber la mâchoire (la langue est molle et pointe contre les incisives inférieures).

Quand ces quelques petites précisions techniques auront été testées par les enfants (ne pas trop insister mais leur donner les moyens de trouver les sensations), on pourra leur proposer quelques exercices plus amusants. On leur demande d'imaginer qu'ils utilisent leur voix (en modulant les « mmm » ou « ng » ou « oa ») pour :

– faire un trou dans un mur;
– renverser une chaise;
– éteindre une bougie;
– tendre un fil (à deux, les enfants démarrent l'un en face de l'autre, très proches, puis ils se reculent au fur et à mesure que le fil se tend en suivant leur voix);
– faire tourner les pages d'un livre qui est loin d'eux.

Un par un

Cycle 2/Cycle 3
Énergie
Voix

10

ATTIRER L'ATTENTION

▲ Déroulement

Seul sur scène, le participant s'adresse à un personnage imaginaire qui se trouve en face de lui, derrière les spectateurs. Il doit inventer une situation courte dans laquelle il faut attirer l'attention de son interlocuteur (par les gestes, la voix) pour lui dire quelque chose d'important et d'urgent.

Exemples :
- *Le petit frère de Cindy est déjà de l'autre côté de la rue et il a oublié son livre de maths.*
- *Juliette est dehors, devant sa maison, mais elle ne peut ouvrir, ayant oublié ses clefs. Elle appelle sa sœur qui ne l'entend pas.*
- *Mme Jaffard est dans le fond du jardin. Son fils veut la prévenir que quelqu'un cherche à lui parler au téléphone.*
- *Un client vient d'oublier son parapluie dans une boutique. La vendeuse tente de le rappeler avant qu'il ne tourne au coin de la rue.*

On suppose que l'interlocuteur imaginaire n'entend pas que l'on s'adresse à lui, ou comprend de travers.

▲ Remarques

L'exercice est court mais demande de déployer une grande énergie vocale et corporelle. Il permet aussi de faire sentir aux participants la puissance vocale nécessaire lorsqu'on se trouve sur une scène de théâtre.
L'animateur pourra, s'il le juge nécessaire, aider l'enfant trop timide en « répondant » à la place de l'interlocuteur *(« Quoi ? Je n'entends pas! Qu'est-ce que vous dites ? », etc.)*. Il demandera au participant de poser son regard, c'est-à-dire de prendre un point fixe devant lui qui symbolisera l'interlocuteur imaginaire (si le regard est trop fuyant, le spectateur n'aura pas l'illusion que l'acteur s'adresse réellement à un autre personnage). Les gestes sont aussi très importants quand on essaie d'attirer l'attention de quelqu'un : grands moulinets avec les bras, par exemple.
On pourra demander d'inventer une petite « chute » à la situation jouée.

Un par un

Cycle 3
Voix

11

J'AI QUELQUE CHOSE À DIRE

▲ Déroulement

L'animateur met une chaise au centre de la scène, où chaque enfant va aller s'asseoir et s'adresser au public, le but étant de travailler sur les attaques et les finales de phrases.
Un enfant s'assoit sur la chaise. Quand il attaque la première syllabe de sa première phrase, il doit se lever en même temps et regarder bien en face de lui. Quand la phrase est finie, il se rassied tout en restant concentré sur son auditoire pour « emmener sa phrase » jusqu'à la fin. Puis il recommence pour l'attaque de la deuxième phrase et ainsi de suite.
On peut proposer les deux phrases suivantes :

- *J'ai quelque chose à dire, je n'ai plus rien à dire.*
- *M'avez-vous écouté ? Alors je me tais.*

– On se lève sur l'attaque « J'ai [...] », on s'assoit sur la finale « [... rien à] dire ».
– On se relève sur l'attaque « M'avez [...] », on se rassied sur la finale « [...] me tais ».
– Dans un premier temps, on dit les vers assez rapidement.
– Puis on recommence, mais en prenant des temps à l'intérieur de chaque vers.

▲ Remarques

On expliquera que, dans un texte, dans un discours ou dans une communication orale, les attaques et les finales sont primordiales, l'orateur (ou l'acteur) se devant d'accompagner son auditoire du début jusqu'à la fin de ce qu'il a à dire.
Cet exercice permet aux élèves de mobiliser intentions, corps et voix dans un même but et dans un même mouvement. On notera qu'à l'intérieur des vers (ou des phrases) on peut moduler et prendre des temps, tandis que les attaques et les finales doivent toujours être nettes et volontaires.
On veillera à ce que les élèves ne confondent pas énergie et précipitation et à ce qu'ils inspirent avant chaque attaque. Quand il est debout, l'enfant doit bien se tenir sur ses deux jambes.

On pourra aider les plus jeunes à mieux comprendre l'importance de cet entraînement en caricaturant, par exemple, une personne qui finit toujours ses phrases en mangeant les dernières syllabes.

▲ Prolongements

➠ Même exercice avec les quatre premiers vers d'une poésie, puis on redit les quatre vers sans s'asseoir sur la chaise mais en essayant de retrouver les mêmes impulsions et le même rythme.

➠ Une dizaine d'enfants sont assis en ligne. Ils vont dire l'un après l'autre une phrase (en se répondant) suivant le même principe : on se lève pour parler, on s'assoit en finissant de parler. On pourra rajouter quelques contraintes en cours d'année (finir par la même syllabe, placer un mot obligatoire, etc.).

Exemple :
- *1er enfant : – Bonjour ; je m'appelle Manuel. Comment vas-tu ?*
- *2e enfant : – Très bien, content de te connaître. Quel âge as-tu ?*
- *3e enfant : – 8 ans depuis la semaine dernière ; et toi qui es-tu ?*
- *4e enfant : – Marjolaine ; j'ai 10 ans et j'aime danser en tutu.*
- *5e enfant : – Ça, c'est rigolo ; et que penses-tu des chapeaux pointus ?*
- *Etc.*

Ensemble ; un par un

Cycle 2/Cycle 3
Diction

12

LES VIRELANGUES[1]

▲ Déroulement

Les virelangues, les enfants les connaissent tous : « Les chaussettes de l'archiduchesse... », « Un chasseur sachant chasser sans son chien... », etc. Ils vont jouer avec ces phrases pour aborder, de façon ludique, le travail de la voix, la diction et la prise de parole.
L'animateur distribue une liste de virelangues dans laquelle chacun choisit une phrase qu'il devra lire (ou apprendre pour la séance suivante).
– Dans un premier temps, chaque enfant se contente de lire (ou dire) sa phrase de la place où il est. L'essentiel dans cette première étape sera d'oser dire haut et fort sa phrase, même si cela fait rire toute la classe. L'animateur pourra aider les élèves en reprenant avec eux les problèmes de prononciation.
– Dans un deuxième temps, les élèves vont sur scène puis, en marchant, articulent leur phrase (sans son, mais en exagérant les mouvements). Au top de l'animateur, les enfants prononcent leur phrase à voix haute (tous ensemble).
– Dans un troisième temps, les enfants continuent de marcher en se répétant leur phrase dans leur tête. Au premier top de l'animateur, les enfants s'arrêtent en image fixe ; au deuxième top, ils lancent tous ensemble leur phrase. Quand tout le monde a fini de parler, ils se remettent à marcher. (On peut recommencer une ou deux fois cette phase.)
– Dans un quatrième temps, les enfants reprennent leur marche le plus silencieusement possible et l'animateur les désigne un à un pour qu'ils disent seuls, cette fois-ci, leur phrase, d'abord en la chuchotant, puis en la clamant le plus intelligiblement possible.

▲ Remarques

Ces jeux sont surtout utilisés pour donner confiance aux jeunes élèves tout en leur permettant de développer leurs capacités d'expression. Le fait d'être tous ensemble sur scène et de n'avoir à prendre la parole, seul, qu'en fin d'exercice permettra aux plus timides de vaincre leur peur.

1. Phrases ayant des particularités : difficulté de prononciation ou répétition de phonèmes et de sons.

On rappellera aux élèves que la diction est un élément fondamental de l'expression orale (étymologiquement, c'est « l'art de dire », qui se décompose en articulation et prononciation). Travailler sa diction, c'est aussi se donner les moyens de se faire vraiment comprendre et d'être plus efficace.
Sans trop insister, on pourra expliquer aux plus grands que l'appui sur les voyelles et les diphtongues donne de l'amplitude, tandis qu'en s'appuyant sur les consonnes on donne plus de poids aux mots et donc à son message. Pour les plus récalcitrants, l'animateur n'aura qu'à très mal articuler pendant quelques instants. La démonstration est éloquente et les rires qui suivent détendent suffisamment l'atmosphère pour commencer l'exercice dans de meilleures conditions.
On montrera aux élèves comment faire sonner les « d », « b », « t » et « k », ainsi que les « m » et les « n ». Pour ce faire, on peut prendre un ballon de baudruche contre lequel un enfant dit une phrase en mettant en valeur les consonnes, tandis qu'un autre colle son oreille de l'autre côté.
On portera bien évidemment une attention particulière sur les « s », « ch » et « z » qui posent le plus souvent problème. Et pour dédramatiser le défaut de prononciation caractérisé d'un enfant, le plus simple est parfois de lui demander de dire sa phrase sans faire d'effort, voire en exagérant le défaut, puis d'essayer ensuite de le gommer peu à peu.
On veillera à respecter les temps à l'intérieur des phrases.

Exemple : « La mousse tache la moustache » : si l'on ne prend pas un temps entre « la mousse », « tache » et « la moustache », on n'entend que deux fois « la moustache ».

L'animateur doit faire en sorte que les rires (qui accompagnent souvent ces exercices) ne blessent personne. Pour installer une bonne atmosphère de travail, l'adulte se prêtera lui-même à l'exercice.
Avant de commencer, demander aux enfants de faire des grimaces pour réveiller la bouche : bâillement, décoincement avec la langue d'un caramel coincé au fond de la bouche, voyelles articulées sans son en exagérant les mimiques du visage...
La liste qui suit est, sans être exhaustive, volontairement longue pour permettre à chaque élève de choisir une phrase originale. Il y a des phrases très simples et d'autres au contraire beaucoup plus difficiles, l'intérêt étant de laisser choisir les enfants, sans porter de jugement de valeur quant à la facilité ou non de leur choix.

▲ Liste de virelangues

- Natacha n'attacha pas son chat Pacha qui s'échappa.
  Cela fâcha Sacha qui chassa Natacha.
- Le barde sans barbe bardait les barbeaux du bar. « C'est barbant de barder », disait ce barde.

- Didon dîna, dit-on, de dix dos de dix dodus dindons.
- Un dentiste en piste domptait dix dompteurs édentés.
- Fana de Fanny, je fais fi de Sophie.
- Filons le filou chauve fautif et sans tif qui faucha la fofolle Fanchon sans fanfare.
- Graciles et gras, quatre gros grands gredins grognons grignotent quatre gros grands grains.
- Les grains de gros grêlons dégradent Grenade.
- Trois bonnes grosses grasses grand-mères aux beaux gros bras blancs croquent trois gros ronds radis roses.
- Trois grands gros grillons grattent la grise grève en grès : grignoti, grignoton, graines trouveront, graines grignoteront.
- Un gradé dragon dégrade un dragon gradé.
- Mille filles jouent aux billes dans la ville.
- Un matin en prenant un bain, j'ai mangé mon pain dans mon bain, j'ai pris un pain, j'ai pris un bain, j'ai pris bain pain, j'ai pain bain.
- Je veux et j'exige d'exquises excuses !
- Je veux et j'exige dix-huit chemises fines et six fichus fins !
- Le geai gélatineux geignait dans le jasmin.
- À califourchon sur son canasson, un bachi-bouzouk achète un vieux bouc à six mamelouks assis dans un souk.
- Quand un cordier cordant veut corder une corde, pour sa corde corder, trois cordons il accorde. Mais si l'un des cordons de la corde décorde, le cordon décordant fait décorder la corde.
- Quatre coquets coqs croquaient quatre croquantes coquilles.
- Que lit Lili sous ces lilas-là ? Lili lit *L'Iliade*.
- La maman du manant manie nos manies maniaques sans manière.
- Mille millions de merveilleux musiciens murmurent des mélodies multiples et mirifiques.
- Empoignons ces oignons et ne soyons pas si grognons.
- Je bois aux trois oies du bois du roi qui voit loi et droit chaque fois qu'il parloit.
- L'effroi du roi noir qui croit en toi s'accroît le soir sous la croix de bois.
- Pouah ! Poisson sans boisson, c'est poison !
- Nos rhinocéros sont des héros et vos albatros font le gros dos. Dans le cosmos c'est le chaos ! Avec le tétanos on ne fera pas de vieux os.
- Ton mouton boucle tout à coup
Et ton bouc tombe à Tombouctou.
- Un groupe de boucs coupe la route de la troupe de scouts.
- La pie pond sans piper devant le paon pompeux qui papote.
- Mon papa est pompier à Perpignan.
- Papa boit dans les pins. Papa peint dans les bois. Dans les bois, Papa boit et Papa peint.
- La pipe au papa du pape Pie pue. (Jacques Prévert)

- La roue roulait, le goret regardait. La roue en roulant faisait rire le goret.
- Roger rageait qu'on le dérange en rangeant son orangeade.
- Combien sont ces six saucissons-ci ?
  – Ces six saucissons-ci sont six sous !
- Ce chat chauve caché sous ces six chiches souches de sauge sèche.
- Sacha séchait ses cheveux sans séchoir et sans succès.
- Josette sans souci chaussa ses chaussures sur son sofa soyeux.
- Le chef chauvin chassa son chancelier sans chercher son chapeau.
- Les chaussettes de l'archiduchesse sont-elles sèches et archisèches ?
- Une chasse d'eau sachant chasser doit savoir chasser sans s'assécher.
- Les chiens sont choux en Chine. Chouchous des Chinois : les Pékinois s'en fichent, surtout en Mandchourie où les chows-chows mandchous rient.
- Si six cents scies scient six cents cigares, six cent six scies scient six cent six cigares.
- Si sur six chaises sont assis six frères, sur six cent six chaises sont assis six cent six frères.
- Ton chien lécha sa laisse sur sa chaise. Je vis ce jeu et je le chinai de ses singeries.
- Un pêcheur pêchait sous un pêcher qui l'empêchait de bien pêcher.
- Ciel ! Si c'est cinq sous ces six ou sept saucissons-ci, c'est cent cinq sous ces cent sept saucissons aussi.
- Ciel ! Si ceci se sait, ces soins sont sans succès.
- Nous partîmes six pour Sceaux, nous arrivâmes à Sceaux six, nous demandâmes qu'on nous serve là six saucisses sans chou et sans sauce.
- Pour qui sont ces serpents qui sifflent sur vos têtes !
- Si six scies scient six cyprès, six cent six scies scient six cent six cyprès.
- Six cent six saucissons secs chuintent sous six cent six choux-saucisses.
- Six chats chauves assis sur six souches de sauge sèche.
- Son chat chante sa chanson.
- Suis-je chez ce cher Serge ?
- As-tu été cet été à Tahiti ?
- As-tu, Tata, ton tutu tout en tulle ?
- Si mon tonton tond ton tonton, ton tonton tondu sera.
- Ton tatou tatoué a tué ton toutou.
- Ton thé t'a-t-il ôté ta toux ?
- Totor, t'as tort, tu t'uses et tu te tues : pourquoi t'entêtes-tu ? En t'entêtant, t'entends, Totor, tu te tues et t'as tort.
- Trente-trois gros crapauds gris dans trente-trois grosses grottes creuses.
- Trois très gros gras grands rats gris grattent.
- Traître ! Ton traité intraitable traite Tristan trop tristement.
- Deux yeux bleus pleurent sur les œufs des bœufs peureux.
- Donne-lui à minuit huit fruits cuits et, si ces huit fruits cuits lui nuisent, donne-lui huit fruits crus.
- Le parfum du rhum guérit mon rhume.

- Il était une fois un homme de foi qui vendait du foie dans la ville de Foix. Il se dit : « Ma foi, c'est bien la première fois et la dernière fois que je vends du foie dans la ville de Foix. »
- « Petite pomme, quand donc te dé-petite-pommeriseras-tu ? – Je me dé-petite-pommeriserai quand toutes les petites pommes se dé-petite-pommeriseront. » Mais, comme toutes les petites pommes ne se dé-petite-pommeriseront jamais, petite pomme ne se dé-petite-pommerisera jamais.
- « Gros grain d'orge, quand donc te dé-gros-grain-dorgeriseras-tu ? – Je me dé-gros-grain-dorgeriserai quand tous les gros grains d'orge se dé-gros-grain-dorgeriseront. »
- « Petit pot de beurre, quand donc te dé-petit-pot-debeurreriseras-tu ? – Je me dé-petit-pot-debeurreriserai quand tous les petits pots de beurre se dé-petit-pot-debeurreriseront. »
- « Pipelette, quand donc te dépipeletteriseras-tu ? – Je me dépipeletteriserai quand toutes les pipelettes se dépipeletteriseront. »
- Le loup loupe le pas.
- Le rami fini, leur ami partit.
- Le scout mange son casse-croûte cru.
- Ma sœur a fait un nœud à ton cœur.
- Ne laissons pas Lucie faire.
- Tortue, tu dors tordue.
- Si bien dire fait rire, bien faire fait taire.
- Alerte, Arlette allaite !
- Angèle et Gilles en gilet gèlent.
- Dès demain, jeudi, je dis que des deux mains j'applaudirai quand sur l'essieu sous les cieux tu t'affaireras.
- Trop ou trop peu, qu'importe que la troupe soit trop peureuse si elle est trop heureuse.
- Une bête noire se baigne dans une baignoire noire.
- Le fisc fixe chaque taxe fixe aux taxis.
- Lise et José, si j'osais, lisons ensemble sans hésiter les usages des honnêtes indigènes de Zanzibar.
- Zazie causait avec sa cousine en cousant.
- La mousse tache la moustache.
- Le jugement juge que le juge ment.
- Mon père est maire, mon frère est masseur.
- Quand un gendarme rit dans la gendarmerie, tous les gendarmes rient dans la gendarmerie.
- Un homme debout lit,
Une femme assise coud,
Un enfant assis joue.

Ensemble ; un par un

Cycle 2/Cycle 3
Diction

13

LES TROMPE-OREILLE[1]

▲ Déroulement

L'animateur annonce qu'il va apprendre à ses élèves une langue étrangère qu'ils connaissent. Aussitôt dit, il se met tout d'un coup à parler d'une étrange façon grâce à l'emploi d'un trompe-oreille. Puis il redit lentement la phrase afin que ses auditeurs comprennent le principe des trompe-oreille. Il distribue ensuite la liste des trompe-oreille en demandant à chacun d'en choisir un qu'il va lire ensuite à voix haute, tous essayant d'imaginer de quel pays pourrait venir cette langue étrange. (On peut aussi proposer d'apprendre sa phrase pour la séance suivante.)

– Dans un premier temps, chaque enfant passe sur scène en disant son trompe-oreille choisi, en essayant de mettre l'accent en rapport.

– Dans un deuxième temps (ou lors de la séance suivante), on met en scène le trompe-oreille, en se servant de cette nouvelle langue comme unique moyen de communication.

Exemples :

- *Tous les enfants sont sur scène, avec pour consigne de recréer l'atmosphère d'une rue de grande métropole, où chacun parle le trompe-oreille. Les enfants se promènent sur scène puis, au top de l'animateur, ils rejoignent leurs voisins les plus proches et se saluent en échangeant chacun leur phrase qui, dans le « trompe-langue », est une formule de politesse.*
- *Tous les enfants sont sur scène en ligne. Au top de l'animateur, l'un d'entre eux fait un pas en avant, se tourne vers les autres puis dit son trompe-oreille, comme une phrase d'une importance capitale ; les autres applaudissent tandis qu'il regagne sa place ; un autre prend sa place (pour le contredire ou renchérir, au choix), et ainsi de suite.*

▲ Liste de trompe-oreille

- Chat vit rôt,
  Chat mit patte à rôt,

1. Phrases destinées à tromper l'oreille de l'auditeur en lui donnant l'impression qu'on parle une autre langue.

Rôt brûla chat,
Chat lâcha rôt.
(*Chaviro chami pataro robrulacha chalacharo)*

- Pierre ôtée,
Trou s'y fit,
Rat s'y mit,
Chat l'y prit.
- Âne a os,
Coq a os,
Taupe en a,
Pie aussi.
Ver n'a os,
Rat a pattes et os.
- Âne et ver et taupe et coq et oie ont-ils os ?
Âne a os,
Ver non.
Taupe et coq et oie, si !
- Gare au garou, gars.
- Haut nid pie a,
Bas nid caille a,
En mare cane est.
- L'habit s' coud-il ?
Le grain s' moud-il ?
L'habit s' coud,
le grain s' moud.
- La cavale au Valaque avala l'eau du lac.
L'eau du lac lava la cavale au Valaque.
- Latte ôtée,
Trou y a.
Latte remise,
Trou y' a pu.
- Mare y a,
Cane y but,
Pie n'osa,
Chat rit d'elle.
- Mur usé,
Trou s'y fait,
Rat s'y met.
- Pie a haut nid,
Caille a bas nid.
Haut pie pond-elle ?
Oui, haut pie pond.
Bas caille pond-elle ?
Oui, bas caille pond.

- Six mules ont bu là ?
  Oui, six mules ont bu là.
- Y a ma moto qu'a des ratés.
- Pie niche haut,
  Oie niche bas.
  Où niche hibou ?
  Hibou niche ni haut ni bas,
  Hibou niche pas.
- Pie niche-t-elle haut ?
  Caille niche-t-elle bas ?
  Rat bâtit-il trou ?
  Pie niche haut !
  Caille niche bas !
  Rat bâtit trou.
- Qu'a bu l'âne au lac ?
  L'âne au lac a bu l'eau.
- Pie a haut nid
  Rate en a,
  Taupe aussi,
  Vache a pas nid.
  Qu'a l'homme ?
- Rat vit rôt,
  Rôt tenta rat,
  Rat mit patte à rôt,
  Rot brûla patte à rat,
  Rat secoua patte et quitta rôt.
- Si tu m'eusses cru,
  Tu te fusses tu.
  Te fusses-tu tu,
  Tu m'eusses plus cru !
- Tas de riz, tas de rats,
  Tas de riz tentant,
  Tas de rats tentés,
  Tas de riz tentant tenta tas de rats tentés,
  Tas de rats tentés tâta tas de riz tentant.
- « Tes guêtres sèchent-elles ?
  – Ya [1], mes guêtres sèchent. »
- « Tes laitues naissent-elles ?
  – Ya, mes laitues naissent.
  – Si tes laitues naissent,
  Mes laitues naîtront. »
- Ton tas de riz tenta le rat,
  Le rat tenté le riz tâta.

---

1. Ya : « oui », en breton.

- Si tu ris au pas,
  J' ris trop,
  Si tu ris au trot,
  J' ris pas.
- Raoul vit l' rat,
  L' rat ravi roula sur Raoul,
  Raoul vit où l' rat vit,
  Ravi le rat rit.
- Têtu, tu t'assis sous ton trône,
  Tant et tant que tonton te tança à gogo.
- Si docile la sole, l'amie Mirée, cirait la scie si facile à cirer.
  (Si do si la sol la mi mi ré si ré la si si fa si la si ré.)

Tous en scène ; un par un

Cycle 2/Cycle 3
Mise en route
Voix

14

J'ADORE/JE DÉTESTE

▲ Déroulement

Par groupes de sept ou huit enfants.
Les enfants sont en ligne, face au public.
Chaque enfant, à son tour, doit :
– avancer d'un pas pour se détacher du groupe ;
– s'adresser au public en formulant une phrase dont le schéma est :
Je m'appelle (... [1]), **j'ai** (... [2]) **ans, j'adore** (... [3]), **je déteste** (... [4]).
1. Prénom de l'enfant. 2. Âge de l'enfant. 3. L'objet, l'animal, la façon d'être, l'aliment, etc., le (la) plus apprécié(e) (une seule chose). 4. L'objet, l'animal, la façon d'être, l'aliment, etc., le (la) plus détesté(e) (une seule chose).
– Reculer d'un pas pour retrouver sa place.
Une fois ces données bien assimilées, on demandera d'exécuter l'exercice :
– en parlant le plus fort possible (sans hurler) et en articulant, sans rien jouer de particulier ;
– en apportant du relief à leur texte, en soignant l'intonation, en ajoutant un ou plusieurs gestes ;
– en proposant une interprétation claire, à l'aide d'un sentiment prédéfini (timide, en colère, boudeur, charmeur, menaçant, terrifié, arrogant...).

▲ Remarques

Avec cet exercice, les enfants doivent mémoriser un cadre formel simple (l'enchaînement des actions et des mots), en ajoutant des données personnelles (faire un choix sur ce que l'on apprécie le plus, sur ce que l'on abhorre), et aborder l'interprétation.
On imposera de ne choisir qu'un élément « adoré » et qu'un élément « détesté » qui peuvent être un objet, une façon d'être, un aliment, un animal domestique, un vêtement, un lieu, etc.
Un des buts de l'exercice est de rechercher la concision dans les mots (sans partir dans des explications ou des justifications) en respectant un cadre imposé. C'est aussi un bon entraînement à l'adresse directe au public.

▲ Prolongement

Chaque élève choisit d'incarner un personnage.
Il lui choisit un nom, un âge, un objet adoré, un objet détesté. On demandera de soigner le rendu physique du personnage : sa démarche, sa façon de parler, ses mimiques, etc.
L'animateur indique les déplacements devant être effectués.

Exemples :
• *Tout le monde est en coulisses. Chaque élève intervient seul sur scène, à son tour. On veillera aux entrées et sorties, de rythme et de nature différents suivant les personnages et le sentiment choisis.*
• *Tous sont en fond de scène, immobiles, en ligne, dos au public. Un premier se retourne, marche vers le public, fait son intervention, puis prend une pose expressive en rapport avec son sentiment; le deuxième fait de même en prenant une autre pose, et ainsi de suite jusqu'à ce que tous soient en poses fixes, immobiles, face au public.*
On pourra demander au public (les autres élèves) ce que cette séquence peut déclencher comme réflexions (on peut, par exemple, penser à un début de spectacle où les personnages se présentent).
L'adulte fera remarquer qu'à un sentiment clairement joué correspond bien souvent une pose expressive et *lisible.*

Ensemble

Cycle 2/Cycle 3
Expression corporelle

15

LES MARIONNETTES À FILS

▲ Déroulement

Les enfants sont sur plusieurs lignes, assez espacés les uns des autres pour pouvoir écarter les bras. Ils représentent un lot de marionnettes à fils, que l'animateur-contrôleur est venu inspecter.

– Les enfants se tiennent tous jambes légèrement écartées, bras le long du corps, tête légèrement inclinée vers l'avant : les marionnettes sont au repos.

– Au top de l'animateur, ils relèvent la tête (sans forcer), en laissant toujours les épaules tombées.

– Au « Épaule droite » de l'animateur, l'épaule droite remonte vers le haut comme tirée par un fil.

– Au « Épaule gauche » de l'animateur, l'épaule gauche remonte, elle aussi, vers le haut.

– Au « Coude droit » de l'animateur, le coude droit « tiré par un fil » monte à son tour vers le haut, à la hauteur de l'épaule. L'avant-bras et la main se balancent doucement comme désarticulés, « mous ».

– Au « Coude gauche », même mouvement.

– Au « Avant-bras droit », l'avant-bras droit monte à son tour (au niveau de l'épaule), tandis que la main garde la position désarticulée (molle) et se balance doucement.

– Au « Avant-bras gauche », même chose.

– Au « Main droite » de l'animateur, la main est tendue, tirée par un fil qui lève tous les doigts ensemble. Le bras forme alors une ligne droite horizontale de l'épaule jusqu'au bout des doigts tendus.

– Même chose avec la main gauche.

– Au « Tête » de l'animateur, la tête se penche doucement vers une épaule puis vers l'autre (en restant de face).

Puis le testeur annonce qu'il va relâcher un à un les fils des pantins.

– « Main droite » : la main droite retombe vers le sol, molle.

– « Main gauche » : même mouvement pour la main gauche.

– « Avant-bras droit » : « décrochement » de l'avant-bras droit qui retombe vers le sol, en se balançant doucement. Le coude reste dans la ligne de l'épaule.

– « Avant-bras gauche » : même décrochement pour l'avant-bras gauche.

– « Bras droit » : le bras droit tombe à son tour, le long du corps, en se balançant doucement. Attention : l'épaule, elle, est toujours relevée.
– « Bras gauche » : même mouvement pour le bras gauche.
– « Épaule droite » : l'épaule droite retombe à son tour, tout le bras droit est désarticulé.
– « Épaule gauche » : même mouvement pour l'épaule droite.
– À l'annonce « Fin du test » de l'animateur, la tête retombe à son tour.
– Les pantins se retrouvent dans leur position d'origine.

▲ Remarques

Basé sur le travail de mime, cet exercice facile permet aux enfants d'apprendre à contrôler leurs gestes (ici, ceux des bras) tout en leur offrant un réel amusement.
Il doit se faire lentement, puis, au fil de l'année, on pourra essayer de l'accomplir plus rapidement, en rythme : sur une musique, par exemple.
L'animateur pourra montrer l'exercice avant de le faire faire. Rappeler aux élèves que c'est en imaginant les fils qui les animent qu'ils réussiront cette pantomime plus facilement et plus précisément.
On pourra, pour l'apprentissage, demander de n'exécuter le mouvement qu'avec un seul bras, puis l'autre, puis les deux ensemble.

▲ Variantes (en binôme)

➠ Un enfant est le marionnettiste, un autre la marionnette. L'exercice est le même mais c'est l'enfant marionnettiste qui conduit son partenaire de la voix ou en donnant simplement une petite tape sur les endroits qu'il veut animer (épaules, bras, avant-bras, mains).

➠ On peut proposer cet exercice avec celui de « La marionnette gonflable » *(voir p. 44)*. En binôme, c'est le marionnettiste qui gonfle puis conduit sa marionnette ; tous ensemble, c'est l'animateur-contrôleur qui mime le gonflage des marionnettes puis les conduit.

Un par un

Cycle 2/Cycle 3
Expression corporelle

16

LA MAIN, LE REGARD

▲ Déroulement

Un élève est sur scène. Il va devoir répondre aux différentes consignes de l'animateur (ou des autres enfants), mais en ne jouant qu'avec son regard et/ou un bras et sa main.
Pour aider les enfants à réussir cet exercice (situé entre le travail de mime et l'interprétation théâtrale), on leur explique qu'ils doivent s'inventer une bonne raison de n'avoir que les yeux ou le bras comme moyen d'expression. Par exemple, ils veulent rester le plus discret possible (comme en classe quand on ne veut pas que le maître nous voie, ou parce qu'ils ne peuvent pas faire autrement).

Consignes :
- *Quelqu'un t'appelle, tu cherches des yeux qui c'est.*
- *Tu cherches à montrer quelque chose à quelqu'un.*
- *Tu essaies de voir ce que font les personnes qui sont devant toi (regard).*
- *Tu essaies d'appeler quelqu'un le plus discrètement possible.*
- *Tu accuses quelqu'un.*
- *Tu appelles quelqu'un.*
- *Tu accueilles quelqu'un (bras).*

▲ Remarques

Les gestes doivent être précis et réfléchis. Le corps doit garder la même position, en évitant au maximum d'être trop de profil par rapport aux spectateurs.

▲ Variantes

➠ Chaque enfant passe à son tour sur scène avec pour consigne de ne faire qu'un mouvement de bras, mais qui veuille dire quelque chose.

Exemples :
Accuser, arrêter, repousser, montrer, donner, prendre, frapper, compter, etc.

Deux possibilités s'offrent aux jeunes acteurs : utiliser soit un geste sec, soit un geste souple, le geste sec exprimant plus de vigueur que le geste souple.

Exemples :
• *Le bras est plié, l'index tendu vers un point précis : je montre ; mais si le bras est tendu, l'expression change complètement et devient : j'accuse.*
• *Le bras est plié, paume ouverte vers le ciel : je mendie ; bras tendu : je réclame.*
• *Bras plié vers la bouche, paume vers le public : j'appelle ; bras tendu : je dis au revoir.*
• *Le bras est plié, la paume de la main à la verticale vers le visage légèrement penché en arrière : j'ai peur ; bras tendu : je repousse ou je stoppe.*

➠ Travail avec seulement les mains : un élève est caché derrière une table (ou le dossier d'une chaise), seules ses mains sont visibles ; on lui demande de répondre aux consignes suivantes :
• *Je m'inquiète (les mains s'ouvrent et se referment plusieurs fois).*
• *Je suis en colère (les poings sont crispés).*
• *J'attrape (la main et les doigts s'ouvrent vers le haut et se referment).*
• *J'appelle (l'index se plie et se déplie : suivant la vitesse et l'intensité, on appelle plus ou moins gentiment).*
• *Je vole.*
• *Je compte.*
• *Je lis.*

▲ Prolongement

On essaie de recréer un court échange à deux mais avec pour seuls moyens de communication le visage et les bras.

Un par un

Cycle 2/Cycle 3
Mise en route
Énergie

17

LE CRI SAUTÉ

▲ Déroulement

Les enfants sont en file indienne en fond de scène. L'animateur leur explique qu'ils vont, l'un après l'autre, courir vers le centre de la scène puis sauter en tendant un bras le plus haut possible (comme pour attraper quelque chose au plafond) tout en accompagnant leur mouvement d'un cri d'effort.
Au top de l'animateur, le premier démarre, saute en poussant son cri puis se remet en place à la fin de la queue, et ainsi de suite.
On recommencera cet exercice deux ou trois fois, sans marquer de temps.

▲ Remarques

Très bon exercice de mise en route, il détend les élèves tout en les aidant à retrouver une énergie positive. Il est aussi un excellent moyen d'apprendre à mobiliser toute son énergie dans un seul but et à un moment précis, en essayant de se débarrasser au maximum des gestes parasites.
Il n'est pas rare que les enfants (comme les adultes) aient du mal à exécuter les deux consignes en même temps (crier et sauter) ; l'animateur pourra les aider de la voix.
On veillera à ce que le cri soit un vrai cri d'effort (cri du joueur de tennis au service, cri de l'haltérophile) et non pas un cri de colère ou un vulgaire hurlement.
Veillez à ce que le corps tout entier accompagne le mouvement ; le regard doit précéder le saut et le « lancement » du bras.
Beaucoup d'enfants n'osent pas sauter, pousser le cri demandé ou les deux à la fois ; l'adulte les encouragera à recommencer immédiatement en reprenant leur place en tête de file dès que le mouvement a été trop mou ou le cri trop « rentré ».
Ne pas hésiter à recommencer souvent cet exercice d'une séance à l'autre.
Attention aux « costauds » qui ont tendance à sauter jusqu'au mur d'en face !

Bien noter l'endroit où les participants doivent « décoller » en veillant à ce qu'ils aient tout l'espace nécessaire (le saut doit s'effectuer au centre et en hauteur, et non pas en longueur).

▲ Variantes

➠ Tous les enfants sont en ligne : deux lignes face à face ; ils vont jouer au tennis avec leur partenaire d'en face. Chaque coup doit être accompagné du cri d'effort.

➠ Les enfants sont en cercle (le plus large possible) ; ils se passent l'un à l'autre le cri d'effort.

➠ (Pour les plus grands.)

1. Tout le monde est à genoux, assis sur les talons. Au top de l'animateur, ils doivent passer de la position « à genoux » à « accroupie » (prendre appui sur la plante des pieds et non plus sur les talons), sans poser les mains par terre, dans une seule impulsion, en s'aidant d'un cri d'une syllabe.

2. On recommence mais en demandant cette fois-ci de se lever en deux impulsions accompagnées d'un cri de deux syllabes.

On notera avec les élèves la différence de sensation entre le cri d'une syllabe et celui de deux syllabes, et on en profitera pour aborder avec eux la synchronisation qui doit exister entre le langage, le corps et la respiration.

Ensemble

Cycle 2/Cycle 3
Énergie
L'état, les sentiments

18

FOUS RIRES

Salutations

Tous les enfants marchent sur la scène. Au signal sonore convenu, ils s'approchent de leur voisin le plus proche pour se dire bonjour en riant (poignées de main, accolades, embrassades sont autorisées à la seule condition qu'elles soient faites en riant).
Laissez un peu de temps aux enfants pour qu'ils osent laisser éclater leurs rires. Profitez des couples d'amis pour qu'ils se sentent en confiance. En règle générale, si cet exercice démarre lentement, il fait ensuite partie des « préférés » du cours.

Rires en douce

Tous les enfants sont en rang, comme pour rentrer en classe. L'un d'eux commence à rire sans bruit, pour ne pas se faire réprimander. Il ne joue le rire que physiquement, sans émettre un son (plié en se tenant le ventre, en se bouchant le nez ou encore en mettant sa main sur sa bouche). Peu à peu, les autres se laissent gagner par ce rire (mais ils restent eux aussi muets).
Au top de l'animateur, tout le monde éclate dans un grand rire sonore.
Avant de lancer le top, bien vérifier que tous les enfants sont dans le bon état.

Téléphone

Tous les enfants sont sur scène, ils marchent de façon neutre. Tout d'un coup, l'animateur lance le signal : « Téléphone » (ou « Dring »). Chacun sort un portable imaginaire, écoute puis se met à rire avec son « interlocuteur ». Des phrases motivantes telles que « *C'est pas vrai !* », « *Non !* », « *Et alors !* », « *J'y crois pas !* » pourront être utilisées pour aider à déclencher le rire.

Langue pour rire

Tous les élèves sont répartis sur la scène. Au top de l'animateur, ils doivent tirer très fort la langue (bouche ouverte) en se mettant à rire. Les grimaces des uns provoquant automatiquement les rires des autres, il n'y a plus qu'à attendre que la magie opère.
Un très bon exercice « défouloir » et stimulant.

Je ris pour vous

Tous les élèves sont en ligne. Un enfant sort du rang, se met face au groupe et commence à rire, en pointant le groupe du doigt, jusqu'à ce que le groupe éclate à son tour.
Certains élèves peuvent avoir du mal avec cet exercice. Il ne faut pas les forcer, mais tenter de les persuader d'essayer, ne serait-ce qu'avec un rire muet. C'est aussi le moment d'expliquer la méthode purement technique du rire.
On commence par faire un simple « A, A, A » (pas forcément motivé), puis on enchaîne sur toutes les voyelles, puis on reprend le « A, A, A » mais en respirant par petites saccades (comme dans le rire). On décline ensuite à nouveau toutes les voyelles de la même manière, en caricaturant le sourire et en se tenant les côtes, puis avec un peu de bonne volonté et l'effet d'entraînement du groupe le vrai rire devrait arriver tout seul.

Le rire derrière la porte

Tous les enfants sont groupés sur un coin de la scène, sauf un. On part du principe que le groupe est dans une salle insonorisée (d'où aucun son ne sort quand la porte est fermée) et que l'enfant isolé est dans un couloir. Le groupe est en silence tandis que l'enfant isolé fait mine de marcher dans le couloir, puis, quand il mime qu'il ouvre la porte, le groupe éclate de rire (comme si on entendait enfin le son) ; dès que l'enfant referme la porte, le groupe se tait.
L'enfant isolé peut parfois laisser la porte ouverte longtemps, la refermer très vite ou l'ouvrir plusieurs fois de suite, le groupe veillant à suivre ses mouvements.

Regarde, c'est drôle

Tous les enfants marchent sur la scène. Soudain (quand il le décide), l'un d'entre eux désigne du doigt un point lointain, en criant : « *Regardez, comme c'est drôle !* » Aussitôt tous se mettent à rire. Au signal de l'animateur, tout le monde s'arrête et recommence à marcher, puis c'est un autre enfant qui recommence, et ainsi de suite.

Les voyelles du rire

Les élèves sont en cercle. L'un d'entre eux lance un « rire blanc » (un simple « hahaha » avec respiration saccadée), le deuxième enchaîne avec « hihihi » (en essayant d'y mettre un peu plus d'intention), le troisième avec « hohoho », et ainsi de suite jusqu'à ce que tout le cercle rie vraiment avec pour seule consigne de décliner toutes les voyelles du rire : « a », « è », « i », « o », « u », « ou ».

▲ Remarques

Rien de mieux qu'un bon fou rire pour mettre tout le monde de bonne humeur. C'est le seul but de cet exercice, qui est aussi un excellent moyen de souder un groupe. Pour tous ces exercices, il ne faut pas avoir peur de n'exercer, au départ, qu'un « rire blanc », sans raison : l'effet mécanique entraînera le vrai rire.
Pour motiver les élèves, on peut leur suggérer de faire en sorte que tous les autres enfants de l'école les entendent et les envient (petit truc qui motive assez vite les plus récalcitrants).
Selon l'état du groupe et la possibilité de récupérer rapidement le calme ou non, on pourra permettre de rire jusqu'à se rouler par terre, mais attention : l'animateur a intérêt à prévenir auparavant qu'à partir du moment où il donnera le top de fin, tout le monde doit s'arrêter, au risque de ne jamais recommencer cet exercice (petite précaution parfois très utile pour éviter les débordements).

Ensemble; un par un

Cycle 2
Mise en route
Langage

19

LA PREMIÈRE LETTRE

▲ Déroulement

Une dizaine d'enfants sont en ligne face au public.
L'animateur annonce une lettre de l'alphabet, puis, tour à tour, chaque enfant doit :
– s'avancer d'un pas vers les spectateurs;
– dire un mot commençant par la lettre annoncée, d'une voix forte;
– faire un pas en arrière pour rejoindre ses camarades.

Exemple :
L'animateur annonce la lettre « B ».
Mots possibles : « banane, bonnet, boire, ballon, brioche, bronzer, bûche, bouteille, blêmir, bus, boulet, etc. »
L'animateur établira préalablement un ordre de passage (l'un après l'autre, par exemple) ou laissera libres les enfants d'intervenir selon leur inspiration.

▲ Remarques

Cet exercice de mise en route, très simple à comprendre et très apprécié des enfants, développe la concentration et stimule l'imagination.
Le professeur sera ferme sur les consignes et n'hésitera pas à faire reprendre l'élève, si celui-ci n'a pas respecté le déplacement exigé ou n'a pas parlé assez fort. On demandera à tous de rester concentrés et présents le temps de l'exercice. À éviter : regarder le plafond, rigoler avec son voisin, se pencher pour regarder celui qui parle, etc. !

▲ Variantes

Avec le même principe, on demande aux élèves de :

➠ faire une entrée sur scène, dire le mot et sortir du côté opposé;

➠ *idem* en jouant, en plus, un sentiment (joie, colère, tristesse, peur, etc.).

Ensemble ; chacun pour soi

Cycle 2
Mise en route
Expression corporelle

20

LE GÉANT ET LA FOURMI

▲ Déroulement

Un groupe d'une dizaine d'enfants est sur scène.
Les consignes sont les suivantes :
– Quand l'animateur lance le mot « Géant ! », les enfants doivent se déplacer en imaginant qu'ils sont devenus immenses ; ils adoptent la démarche et les attitudes d'un géant.
– Quand l'animateur lance le mot « Fourmi ! », les enfants doivent se déplacer en imaginant qu'ils sont devenus minuscules et craignant sans arrêt d'être écrasés.
– Quand l'animateur lance le mot « Neutre ! », les enfants reviennent à une démarche normale, sans rien jouer de particulier.
L'animateur démarre l'exercice en passant d'une consigne à une autre, puis, s'il y a lieu, on passe à l'autre groupe.

▲ Remarques

Dans cet exercice, les enfants ont souvent tendance à jouer à l'envers : pour jouer le géant, beaucoup d'entre eux vont par exemple tendre exagérément le cou, regarder vers le ciel, etc., alors qu'un géant qui dépasse la moyenne des gens voit les autres plus petits que lui ! Les jeunes acteurs devront donc regarder les autres « de haut », vers le bas.
Idem pour le jeu de la fourmi qui craint d'être écrasée : c'est elle qui doit sans arrêt regarder vers le haut et autour d'elle.
On fera remarquer la différence de rythmes entre les deux jeux :
– Le géant (massif, immense) est sûr de lui ; sa démarche est lente et posée. Il peut prendre du temps pour regarder autour de lui et pour changer de direction.
– La fourmi (fragile, minuscule) vit dans la crainte perpétuelle d'être écrasée, ses regards sont furtifs, sa démarche est rapide ; elle n'a pas besoin de prendre beaucoup de temps pour évaluer la situation et peut changer de direction très rapidement.

Ensemble ; chacun pour soi

Cycle 2/Cycle 3
Expression corporelle
Langage

21

LE MOT INVISIBLE

▲ Déroulement

Première étape : les enfants se répartissent sur l'aire de jeu et travaillent individuellement. Chacun doit « tracer » dans l'espace, à l'aide d'un pinceau imaginaire, d'immenses lettres de l'alphabet. La base de chaque lettre est au sol et son sommet le plus haut possible (on doit se mettre sur la pointe des pieds).
Seconde étape : chaque enfant passe devant les autres. Comme sur un tableau noir, il trace dans l'espace une série de lettres composant un mot, que le public doit pouvoir « lire ».

▲ Remarques

L'animateur choisira d'imposer ou non le style de l'écriture : lettres capitales, minuscules, etc. Il demandera que le mot invisible tracé soit court (de trois à six lettres).
Il est important de travailler les deux parties de l'exercice. La première est une phase d'expérimentation, d'entraînement ; la seconde, plus ludique, demande que le geste d'écriture soit bien maîtrisé et que l'exécutant ait le souci constant de la clarté. Bien qu'il soit de dos (et ce afin que le public puisse lire dans le bon sens), l'élève doit s'efforcer de rendre le plus lisible possible son inscription.
On demandera au public d'intervenir seulement une fois terminée la prestation de leur camarade.
L'exercice permet, avec un thème amusant, de s'échauffer : délier le corps, le mettre en mouvement.
On en profitera pour effectuer de petites révisions orthographiques...

▲ Variante

Idem, mais l'élève est face au public. Les spectateurs doivent donc lire le mot à l'envers !

Ensemble

Cycle 2/Cycle 3
Mise en route
Expression corporelle

22

IMAGES FIXES

▲ Déroulement

Les enfants marchent sur scène de façon neutre (ils ne jouent rien de particulier). Ils doivent écouter les consignes du professeur et les exécuter. Entre chaque étape, les enfants reprennent une marche « normale » et écoutent les nouvelles indications du professeur.
Aux différents « Top ! », ils doivent :
– s'arrêter en image fixe à l'endroit où ils se trouvent ;
– s'arrêter en image fixe à l'endroit où ils se trouvent, mais en se tournant vers le public ;
– s'arrêter en image fixe à l'endroit où ils se trouvent, en exprimant tous le même sentiment donné par le professeur (peur, colère, joie, tristesse, dégoût, curiosité, réflexion, agressivité, état maladif, etc.) ;
– *idem* que précédemment, mais en se tournant vers le public ;
– s'arrêter en image fixe à l'endroit où ils se trouvent, en exprimant chacun un sentiment différent ;
– *idem* que ci-dessus, mais tous doivent se retrouver en ligne face aux spectateurs.

▲ Remarques

Le travail de l'image fixe (travail muet) est un excellent moyen de faire prendre conscience aux enfants de l'engagement physique nécessaire pour exprimer un état, un sentiment.
La marche neutre est importante : elle calme le jeu, permet aux élèves de se concentrer et d'écouter la prochaine consigne à effectuer. Tout échange verbal sera prohibé, chaque enfant travaillant pour soi. On invitera les élèves à changer souvent de direction (pour éviter les marches en rond) et à occuper tout l'espace scénique. S'il le juge utile, le professeur fera recommencer telle ou telle étape de l'exercice afin de pousser les élèves à s'améliorer, sans oublier de leur prodiguer des encouragements.
S'il y a plus de dix enfants, on fera exécuter les différents points de l'exercice par demi-groupes, en alternant les passages (deux ou trois minutes par groupe, les autres enfants constituant le public).

Ensemble ; un par un

Cycle 3
Mise en route
L'état, les sentiments

23

LÉA, FARID, CHLOÉ ET LES AUTRES...

▲ Déroulement

On constitue un groupe de 6 à 12 enfants qui se répartissent en coulisses, côté cour et côté jardin.
Chaque enfant choisit un prénom, qui constituera son texte pour l'improvisation.
Le premier enfant côté cour entre en scène et joue une petite situation avec pour seul texte le prénom qu'il a choisi (il peut le répéter plusieurs fois). Puis il sort côté jardin, d'où sort un autre élève qui jouera une autre situation (avec un autre prénom) avant de rejoindre la coulisse opposée, et ainsi de suite jusqu'au dernier participant.
Aucun ordre de passage n'est préétabli, mais le plateau ne doit jamais être vide, les interventions s'enchaînant sans temps mort.

Exemples de situations :
- *Appeler quelqu'un pour le disputer.*
- *Appeler quelqu'un parce qu'on a peur.*
- *Appeler en chuchotant pour ne pas se faire entendre d'autres personnes.*
- *Répéter le prénom plusieurs fois d'un ton dubitatif. (Jeu en sous-texte : « Je ne crois pas connaître cette personne. »)*
- *Lire silencieusement une lettre d'amour et l'embrasser fougueusement en disant le nom du (de la) bien-aimé(e).*
- *Constater le désordre régnant dans la pièce et répéter le prénom d'un air las et désespéré. (Jeu en sous-texte : « J'en ai vraiment assez qu'il (elle) soit aussi désordonné(e). »)*
- *Etc.*

▲ Remarques

Les interventions seront courtes et rythmées.
Le professeur demandera à tous d'entrer en scène en ayant préalablement choisi la situation qu'il va jouer car on voit très vite quand un acteur ne sait pas ce qu'il joue...
Les sentiments, les personnes à qui l'on s'adresse, le personnage que l'on s'est choisi, tout doit être clair, pour que le public comprenne. Il faut avoir décidé ce que l'on va jouer avant d'entrer en scène.
Suivant la situation choisie, les enfants peuvent prendre le temps d'évoluer dans l'espace avant de sortir de scène.

Un par un

Cycle 2
Mise en route
Expression corporelle

24

L'ÉQUILIBRISTE

▲ Déroulement

L'animateur indique précisément l'emplacement au sol d'un fil de fer imaginaire allant du côté cour au côté jardin.
Comme s'il était au-dessus du vide, chaque enfant mime la marche d'un équilibriste sur ce fil de fer, ses hésitations, ses craintes, etc.
Le trajet s'effectue de cour à jardin.

▲ Remarques

Très bon exercice de concentration qui nécessite que chaque acteur s'investisse totalement, imagine qu'il est *vraiment* au-dessus du vide.
C'est cette implication intérieure qui donnera la justesse des attitudes physiques :
– bras tendus sur les côtés pour améliorer l'équilibre ;
– regard fixé droit devant soi pour suivre son trajet (et petits coups d'œil rapides sur ses pieds pour vérification) ;
– déséquilibre momentané et reprise de contrôle, etc.
Après chaque prestation, on demandera aux spectateurs quels ont été leurs sentiments : ont-ils eu l'illusion d'un fildefériste ? pourquoi cela a-t-il (ou n'a-t-il pas) fonctionné ? quels sont les éléments à améliorer ?

Un par un **Cycle 2/Cycle 3**
L'état, les sentiments

25

LES MANIES

▲ Déroulement

Un par un, chaque enfant va jouer un personnage extrêmement maniaque, dans une seule action.

Exemples :
- *M. Toc veut lire son journal sur la chaise de son salon, mais M. Toc est un maniaque de l'ordre et de la propreté. C'est pourquoi, avant de s'asseoir, il va vouloir vérifier plusieurs fois de suite que sa chaise est exactement à l'emplacement adéquat, puis vérifier qu'elle est vraiment propre ; il va d'ailleurs la nettoyer avec un chiffon pour en être sûr, mais comme il l'aura bougée en la nettoyant, il devra revérifier qu'elle est pile au bon emplacement, puis repasser un coup de chiffon, et ainsi de suite. Quand il est assis, il n'oubliera pas de vérifier que ses pieds sont bien placés dans l'alignement de la chaise, que son pull est bien tiré, que les plis de son pantalon sont juste comme il faut, etc.*
- *Mme Toc a toujours peur de ne pas avoir éteint son four ou d'avoir mal fermé un robinet ou sa porte ; elle va vérifier plusieurs fois.*
- *Mlle Toc a besoin de mettre les choses dans un ordre particulier (en rangeant son cartable, son bureau, etc.).*

▲ Remarques

Obliger les enfants à rester concentrés sur une seule action très simple les aide à comprendre le mécanisme de la motivation. Chaque geste a son importance et doit servir l'intention jouée.
Utilisé très tôt dans l'apprentissage, cet exercice aide les élèves à être totalement absorbés par une action et donc à dépasser leur timidité quant au regard des autres.

▲ Prolongement

Tous sont sur scène et chacun joue son personnage sans s'occuper des autres. Retravaillé et mis en scène, cet exercice peut s'intégrer dans un spectacle. *(Exemple : à la manière de Jacques Tati, on découvre les habitants d'un immeuble, chacun avec ses petites manies.)*

Un par un

Cycle 2
Expression corporelle
Mime

26

DE CHAQUE CÔTÉ DU TUNNEL

▲ Déroulement

L'animateur a installé, face au public, deux grandes tables sous lesquelles les enfants peuvent passer et qui représentent un tunnel. Chaque enfant va passer sous le tunnel mais, quand il en ressortira, il sera un animal.
L'exercice se déroule en trois temps :

1. L'enfant entre dans le tunnel.
2. L'enfant au milieu du tunnel s'arrête, respire et « se change » en animal.
3. L'animal sort du tunnel et la démarche de l'enfant devient celle de l'animal qu'il a choisi.

Dans un premier passage, l'enfant doit exécuter cet exercice en muet ; dans un deuxième temps, il a le droit d'imiter le cri de l'animal.

▲ Remarques

Pour éviter de n'avoir que des lions, tigres ou autres rugissants au sortir du tunnel, l'animateur prendra soin de suggérer quelques exemples avant l'exécution de l'exercice :

- *Le serpent qui rampe.*
- *La grenouille qui saute.*
- *La petite souris qui détale à toute vitesse.*
- *L'éléphant pataud.*
- *Le dauphin qui plonge.*
- *Le hamster qui grignote.*
- *Le crabe qui marche à l'envers.*

On demandera aux enfants de trouver corporellement sinon toute la démarche de l'animal, tout au moins un élément très caractéristique. On leur demandera de travailler non pas seulement avec leur imagination, mais avec tout leur corps.

Un par un

Cycle 2/Cycle 3
Mise en route
Concentration

27

LES AVEUGLES

▲ Déroulement

On dispose sur scène des objets divers (tables, chaises, cartables...) ainsi qu'un livre posé en avant-scène cour.
Du fond de scène jardin, le participant examine le lieu quelques instants ; puis, les yeux bandés, il doit parcourir le chemin semé d'obstacles pour atteindre le livre, le prendre et revenir à son point de départ.

▲ Remarques

Évidemment, l'élève doit bien profiter du temps d'observation qui lui est accordé pour repérer le trajet à effectuer et les obstacles à éviter.
L'adulte et le reste du groupe resteront vigilants afin de prévenir tout risque de chute, blessure, etc. (si nécessaire, on pourra poster quatre élèves « contrôleurs » autour de la scène).
Ce jeu calme permet d'exercer le sens de l'observation et la prise de risque dans l'espace.
Pour motiver les enfants, on pourra remplacer le livre par un bonbon !

▲ Variantes

➠ Minuter l'exercice : celui qui est le plus rapide gagne.

➠ Disposer plusieurs objets à rapporter en un temps limité.

Ensemble ; un par un

Cycle 2/Cycle 3
L'état, les sentiments

28

LES CHAISES MAGIQUES

▲ Déroulement

Trois chaises sont disposées sur scène, face au public. Elles sont dotées d'un pouvoir magique : chaque fois que quelqu'un s'assoit sur l'une d'elles, cela déclenche un sentiment défini :
– sur la première chaise (la chaise des chatouillis), l'acteur est pris d'une énorme crise de rire, comme si une personne le chatouillait ;
– sur la deuxième chaise (la chaise de l'horreur), l'acteur est terrifié par tout se qui se passe autour de lui (bruits, visions, etc.) ;
– sur la troisième chaise (la chaise du désespoir), l'acteur est pris d'une intense tristesse qui le fait pleurer, renifler, etc.
Un enfant entre, s'assoit tour à tour sur les trois chaises, joue les sentiments associés et sort.
Immédiatement après, entre un deuxième enfant qui accomplit le même parcours, et ainsi de suite jusqu'au dernier.

▲ Remarques

Pour que l'exercice soit intéressant, chaque élève devra jouer les sentiments imposés de façon très forte, presque exagérée, sans tomber pour autant dans la caricature extérieure. La sincérité sera recherchée, avec le souci de projeter l'expression, de l'amplifier pour le public, le but étant de passer d'un sentiment à un autre très rapidement.
L'animateur veillera à l'expressivité des participants. Même assis, tout le corps doit être engagé dans le sentiment exprimé :
– sur la chaise à chatouilles, l'enfant se trémousse, éclate de rire, essaye d'échapper à des chatouilles imaginaires, le rythme est très soutenu ;
– sur la chaise de la terreur, l'enfant se cramponne à son siège, jette des regards inquiets et rapides autour de lui ; il peut se recroqueviller sur lui-même, crier ;
– sur la chaise à tristesse, le corps se relâche, le rythme se ralentit, l'élève se prend la tête dans les mains, prend un mouchoir pour se tamponner les yeux, etc.
Dès que l'acteur n'est plus assis sur la chaise, il doit s'arrêter aussitôt de jouer le sentiment associé. Entre chaque station, quand l'élève passe d'une

chaise à une autre, il doit reprendre une attitude neutre ou qui contraste avec le sentiment fort venant d'être joué (par exemple, il peut adopter une attitude dubitative, inquiète, amusée avant de passer à l'autre chaise).
On peut aussi s'amuser à souligner le contraste des sentiments en se levant et se rasseyant brusquement pour « tester » l'effet magique (l'enfant passera ainsi d'une attitude neutre à une intense hilarité, suivant qu'il se lève ou se rassoit sur la chaise des chatouillis).
L'exercice peut être muet ou parlant, mais dans ce dernier cas il ne doit pas tomber dans l'explicatif, c'est-à-dire que l'enfant ne doit pas formuler oralement ses sentiments mais les jouer.
On pourra imaginer d'autres modes de fonctionnement de l'exercice (par exemple, trois élèves passent en même temps, jouent chacun leurs sentiments puis échangent leurs places).
D'autres chaises magiques peuvent bien sûr s'ajouter aux trois déjà citées, permettant ainsi aux élèves d'explorer d'autres sentiments : l'ennui, le dédain, la souffrance (avoir mal quelque part), la colère, la coquetterie, la fatigue, la timidité, la haine, la perplexité...

▲ Variante

Quand ils s'assoient sur les différentes chaises magiques, les acteurs se transforment, cette fois-ci, en personnages.

Exemples :
- *Chaise 1 : une vieille personne.*
- *Chaise 2 : un bébé.*
- *Chaise 3 : un conducteur de voiture de course.*
- *Chaise 4 : un spectateur enthousiaste, applaudissant à tout rompre.*
- *Chaise 5 : une personne sur la grande roue d'une fête foraine qui se cramponne à son siège.*
- *Chaise 6 : un personnage égocentrique qui n'arrête pas de parler de lui.*
- *Chaise 7 : un personnage qui ne dit que la vérité si on l'interroge...*

▲ Prolongements possibles

➠ Histoire à quatre ou cinq personnages : un savant fou surexcité expose au public (ou à son assistant) sa dernière invention, « les chaises magiques », qui permet de provoquer les émotions des gens, et ainsi de les manipuler... Il en fait la démonstration avec le concours volontaire (ou non) de trois cobayes.

Fins possibles :
- *Les machines explosent, car le savant a fait une erreur de calcul.*
- *L'assistant, révolté, se ligue avec les autres personnages pour mettre le savant hors d'état de nuire.*

• *Les « cobayes » ne peuvent plus reprendre une attitude normale, la panique monte, le savant est affolé... Le réveil sonne : ouf! ce n'était que le cauchemar d'un scientifique débordé!*

➠ Histoire à trois personnages : trois amis se retrouvent dans une étrange salle de cinéma; en s'asseyant chacun sur leur siège, ils ne voient pas le même film!

Ils échangent leurs places, s'interrogent, prennent peur ou s'amusent de la situation...

Ensemble ; un par un

Cycle 2/Cycle 3
L'état, les sentiments

29

LES ODEURS

▲ Déroulement

Pour cet exercice, on prendra soin d'aménager un espace scénique plus en longueur qu'en profondeur.
Les enfants sont en coulisses, côté jardin et côté cour. L'espace de jeu représente la rue.
– Côté jardin, un premier enfant entre en scène en jouant un personnage se rendant quelque part (dans la coulisse opposée) avec une motivation précise et qui, tout à coup, « sent » une odeur extrêmement agréable ou désagréable.
– Dès qu'il est sorti de scène, un autre enfant sort du côté cour et propose un autre personnage ayant sa propre réaction quant à la bonne ou mauvaise odeur imaginaire. Il sort de scène par la coulisse jardin, d'où un troisième enfant sort, etc.
On continue ainsi jusqu'à ce que tout le groupe soit passé.

▲ Remarques

Chaque élève doit choisir *précisément*, avant d'entrer en scène, le type d'odeur que son personnage va sentir.
Les interventions sont très courtes, puisqu'il s'agit de passants dans une rue. Aussi le jeune acteur doit-il être capable de composer son personnage et de le faire réagir sensoriellement en quelques secondes.
Le professeur demandera aux élèves de retrouver des sensations déjà vécues, et non pas de singer extérieurement des mimiques stéréotypées (se boucher systématiquement le nez, par exemple...).
On pourra recenser avec le groupe les bonnes et les mauvaises odeurs pouvant être présentes dans une rue (nourriture, fleurs, parfums, pots d'échappement, égouts, etc.).

Exemples de personnages :
Une employée maladroite et très en retard, une touriste myope, un balayeur guilleret, une contractuelle sévère, un aveugle hésitant, une petite fille et sa corde à sauter, un monsieur chic et son petit chien, une vieille dame qui a du mal à marcher, etc.

Un par un

Cycle 3
Improvisation
Langage

30

TOUTES LES FAÇONS DE...

▲ Déroulement

Les élèves vont passer un par un pour jouer une action très précise qu'ils devront interpréter en fonction des caractéristiques d'un personnage défini ou non à l'avance. On leur demandera de jouer, pour un personnage libre, toutes les façons :

- *d'appeler son chien ou de le tenir en laisse;*
- *d'attendre quelqu'un qui est en retard;*
- *de conduire une voiture;*
- *de demander un renseignement à un guichet;*
- *de dire au revoir à quelqu'un qui s'en va;*
- *d'écouter de la musique dans un baladeur;*
- *d'entrer dans une pièce;*
- *d'éternuer puis se moucher;*
- *de lire un livre;*
- *de manger du chewing-gum;*
- *d'ouvrir un cadeau;*
- *de pousser ou de porter quelque chose de très lourd;*
- *de s'excuser après avoir bousculé quelqu'un.*

Pour un personnage défini :

- *Un professeur : dire bonjour à une classe.*
- *Un enfant : perdu dans un grand magasin.*
- *Un contrôleur de bus : demander les titres de transport.*
- *Un parent : demander de débarrasser la table.*

▲ Remarques

Insister (encore et toujours) sur l'importance du contexte de vie des personnages, leur âge, leur statut social, leur degré de fatigue ou de calme, leur caractère, leur état au moment précis de l'action demandée.
Dans l'idéal, l'animateur ne devrait pratiquement pas avoir à intervenir; mais pour lancer l'exercice, il lui sera peut-être utile de donner lui-même des idées de situations ou de comportements. Il ne faut pas hésiter à le

faire : c'est au fil de l'année que les élèves arriveront d'eux-mêmes à observer puis mémoriser différents types de comportements et de personnages. *(Voir « Le cahier de personnages », p. 28.)*

▲ Variantes

➠ Un vêtement (manteau, gilet, veste, blouse...) est posé sur une chaise au centre de la scène. Chacun va devoir venir sur scène et mettre ce vêtement suivant la consigne annoncée par l'animateur (ou un meneur choisi parmi les élèves) :

- *Normalement.*
- *Vite (très vite, lentement, très lentement).*
- *En étant très fatigué.*
- *En détestant ce vêtement (en l'adorant).*
- *En étant très en retard pour partir à l'école.*
- *En trouvant quelque chose d'incroyable dans la poche au moment où on le met.*
- *En découvrant qu'il est trop petit (trop grand, taché...).*
- *En étant très vieux (très jeune).*
- *En étant maniaque (négligent, habile, maladroit...).*
- *Tout en continuant de parler au téléphone (de manger, de lire...).*

➠ On définit un endroit très caractéristique : chambre à coucher, église, métro, bureau de directeur, banque, etc.). Puis chaque élève doit faire trois entrées consécutives dans ce lieu en changeant à chaque fois de personnage et donc d'interprétation.

Exemple :

Dans une église :

- *1re entrée : quelqu'un qui vient pour prier.*
- *2e entrée : quelqu'un qui vient visiter.*
- *3e entrée : un voleur qui voudrait récupérer l'argent des troncs.*

➠ On choisit un mot ou une expression usuel(le) : *« Bonjour. Merci. Quel temps ! Non ? »*, etc. Les élèves, en file indienne, passent très vite, l'un après l'autre, pour décliner toutes les façons possibles de dire le mot ou la phrase. Suivant l'invention et l'entrain du groupe, on peut demander que la file indienne passe une ou deux fois de suite. Cet exercice, très dynamique, demande aux élèves de s'adapter rapidement.

On pourra utiliser cet exercice, au cours de l'année, en l'adaptant à une réplique d'une pièce étudiée pour en expérimenter toutes les possibilités de sens ou pour « réveiller » une mise en scène qui stagnait. Ne pas hésiter à s'en servir aussi lorsque des élèves sont « bloqués » sur une scène, toute la classe essayant d'inventer un moyen différent de jouer cette scène.

▲ Prolongements

Toutes les phrases qui...

On choisit une situation récurrente, quotidienne et souvent vécue par les enfants. Chacun essaie d'exprimer le plus de phrases possible souvent entendues dans cette situation.
Les enfants sont en ligne. Dès qu'un élève a une phrase à dire, il avance d'un pas, lance sa phrase puis reprend sa place.
Ou on demande aux élèves de marcher dans l'espace scénique, en lançant leurs phrases au fur et à mesure que les idées leur viennent.
On notera avec les jeunes acteurs qu'en écoutant les autres de nouvelles idées arriveront (rebondissement, association d'idées, etc.).

Pistes :
- *À table, en famille.*
- *« Quand vas-tu enfin ranger ta chambre ? »*
- *C'est l'heure d'aller au lit !*
- *Le jour de Noël, au moment des cadeaux.*
- *Dans un magasin, un enfant qui voudrait que ses parents lui achètent quelque chose.*
- *L'équipe de France vient de perdre une compétition sportive internationale.*
- *Il fait un temps horrible et pourtant on est en plein été.*
- *Un professeur remet les copies du dernier contrôle.*
- *Un embouteillage.*
- *Dans la cour de récréation.*
- *C'est l'heure de faire ses devoirs.*
- *Annonce d'une mauvaise note à ses parents.*
- *Dispute entre frère(s) et sœur(s).*

À la manière de M. Queneau

Le professeur distribue à tous les élèves un court texte racontant une histoire très simple. Comme dans *Exercices de style* de Raymond Queneau, chaque enfant raconte cette histoire à sa manière.
Cet exercice peut déboucher sur un montage pour un spectacle de fin d'année, où les spectateurs entendront la même histoire racontée par des personnages différents : l'inquiet, le fanfaron, le curieux, le timide, le chanteur de rap, un chœur grec (toute la classe ensemble), le présentateur du journal télévisé, la femme égocentrique qui ne parle que d'elle, la petite fille peureuse, le petit garçon insupportable, celui qui bégaie, celui qui a un accent, le professeur qui en profite pour faire un cours, le menteur, celui qui se trompe d'histoire... et bien sûr tous les personnages de Queneau.

Un par un

Cycle 3
L'état, les sentiments
Improvisation

31

AU TÉLÉPHONE

Le coup de fil désagréable

Le personnage reçoit un coup de fil désagréable (il se fait disputer).
Les spectateurs doivent comprendre le sujet de la réprimande grâce aux réponses de l'acteur en scène.

Exemples :
- *Un camarade l'appelle parce qu'il ne s'est pas dénoncé pour la bêtise faite et toute la classe a eu une punition.*
- *Tante Sophie est furieuse car il n'a pas arrosé ses plantes comme promis.*
- *Julia réclame avec virulence son jeu vidéo, prêté il y a déjà quinze jours.*
- *Un client se plaint car le produit acheté est défectueux.*
- *La voisine d'en face n'est pas contente du tout : le vélo du personnage obstrue une fois de plus la sortie de son garage.*

La réclamation

Le personnage téléphone à quelqu'un pour se plaindre de quelque chose, faire une réclamation.
On doit comprendre quelle est la réaction de son interlocuteur.

L'interlocuteur bavard

Le personnage donne un coup de fil à quelqu'un pour lui demander quelque chose, mais son interlocuteur est très bavard et ne lui laisse pas le temps de parler.
Le public doit « suivre » ce que l'interlocuteur raconte et comprendre ce que voulait dire le personnage.

Exemples d'interlocuteurs bavards :
- *Grand-mère Marcelle qui donne des nouvelles de toute la famille.*
- *Momo qui raconte le dernier match de foot du club local.*
- *Papa au bureau qui fait cinquante recommandations sur ce qu'il y a à faire à la maison.*
- *Tatie Zabeth demande tout ce qu'il fait à l'école, ses progrès, etc.*

L'événement extraordinaire

Le personnage reçoit l'appel d'un ami et lui raconte par le menu un événement extraordinaire, sans lui laisser le temps de parler.
À la fin, il apprend pourquoi son ami l'appelait (trouver une chute).

Tout le temps dérangé !

Le personnage a décidé de regarder la télévision ou de faire ses devoirs, mais il est tout le temps dérangé par des coups de fil divers.
L'exercice peut se faire à plusieurs, les autres enfants intervenant des coulisses pour jouer les coups de fil des personnages. *(Voir aussi « Les perturbateurs », p. 146.)*

Le téléphone portable

Le personnage est dans la rue et n'arrive pas à comprendre ce qu'on lui dit. Il comprend tout de travers, fait répéter, essaie de changer d'endroit pour mieux capter, etc.

Erreur !

Le personnage reçoit des appels, mais ce sont des erreurs (trois fois la même erreur ou trois appels différents).
On pourra s'appuyer sur la bande dessinée de *Tintin*, où le capitaine Haddock, au château de Moulinsart, reçoit sans arrêt des appels pour la boucherie Sanzot.

Rire

Le personnage reçoit l'appel d'un ami qui lui raconte une chose à mourir de rire. Il souhaite avoir plus de détails sur ce qu'on lui raconte, mais il est terrassé par une crise de fou rire. *(Sur le rire, voir p. 73.)*

Amoureux

Très timide, le personnage réunit tout son courage pour appeler une copine (un copain) de classe, dans le but de l'inviter à son anniversaire... Un peu amoureux(euse), il (elle) bafouille et ne sait comment lui dire le but de son appel...

Les mots et les onomatopées

Le personnage reçoit un coup de fil, mais ne répond que par mots, onomatopées, soupirs, grognements, etc.

Exemples :
Allô ! / Oui. / Non. / Ah bon ! / Mmm. / D'accord. / Ouais. / Ah oui ! ! / Hé ! / Pfff... / Chut ! / Oh là là ! / Demain. / OK. / Salut ! / Etc.

Le secret

Le personnage reçoit un coup de fil mais il ne peut pas parler comme il le souhaiterait, car il y a du monde qui écoute...

Il chuchote, parle à mots couverts, etc. (l'acteur doit savoir précisément quel est le secret qui le lie à son interlocuteur).

On pourra faire intervenir des élèves sur scène qui figureront les personnages qui gênent la conversation.

Un par un

Cycle 3
Improvisation
Langage
L'état, les sentiments

32

LA GROSSE COLÈRE

▲ Déroulement

Chaque enfant écrit un mot (désignant un objet) sur un bout de papier, le plie en quatre et le dépose dans un chapeau.
Un volontaire tire un mot au hasard, réfléchit quelques instants, puis improvise une scène face au public, dans laquelle il joue un personnage très en colère, face à un groupe, le mot tiré servant de support à la scène jouée.
Pour aider les acteurs, on pourra proposer la situation de départ, ou leur laisser le choix d'en inventer une autre.

Exemples :
• *La maîtresse (le maître) découvre une très grosse bêtise qui vient d'être commise dans l'école (suivant le mot tiré : la bibliothèque est sens dessus dessous, le poisson rouge a disparu, le tableau est couvert de dessins, l'ordinateur ne marche plus, etc.).*
• *L'entraîneur du club de foot est furieux parce que son équipe vient de se faire battre lamentablement au match.*
• *Pour son anniversaire, Louise reçoit chez elle tous ses copains, mais ceux-ci sont en train de tout saccager.*
• *Un acteur en colère interrompt le spectacle qu'il est en train de donner car le public fait trop de bruit.*
• *La voisine du dessus fait irruption au milieu d'une fête donnée dans un immeuble. Il est 4 heures du matin et elle ne peut toujours pas dormir...*

▲ Remarques

Il s'agit de s'investir aussitôt dans un sentiment fort, la colère, qui ne souffre pas de demi-teinte et qui doit être jouée avec une grande sincérité.
L'animateur n'hésitera pas à faire reprendre l'exercice si l'élève est « trop gentil » ou ne s'implique pas assez.
Il peut arriver qu'un enfant un peu timide ait du mal avec cet exercice qui exige que l'acteur s'impose avec force. Il ne faut pas hésiter à l'encourager

et à l'inviter à se rappeler telle ou telle scène de la vie réelle à laquelle il a pu assister (quel enfant ne s'est pas fait disputer par ses parents ou ses éducateurs ?...) et à s'en inspirer. L'exercice est théâtral mais aussi psychologique, car il offre à l'enfant la possibilité d'oser s'affirmer.
Les mots tirés peuvent n'avoir aucun rapport avec la situation et en laisser perplexes plus d'un ! Là encore, il ne faut pas baisser les bras *(« J'ai pas d'idée... », « C'est impossible avec ce mot ! »)* : l'idée même la plus loufoque peut passer si la colère est jouée avec sincérité.

Exemple :
L'animateur propose la première situation décrite ci-dessus (le maître face à ses élèves). L'enfant tire le mot « bouteille », *réfléchit quelques instants et va se placer en coulisses.*
Puis il entre vivement sur scène, l'air furieux et s'adresse au public :
Le maître – *Les enfants, je ne suis pas content, mais alors pas content du tout ! Je suppose que vous savez déjà le sujet de ma colère, tout le monde est déjà au courant dans l'école ! Alors, je pose la question : qui s'est amusé à voler les bouteilles de jus de fruits qui étaient dans la salle des maîtres ? Nous venons de les retrouver, cachées dans le dortoir de l'école maternelle ! Certains d'entre vous sont impliqués, j'en suis sûr ! Vous êtes toujours dans les mauvais coups ! Ah, je m'en rappellerai de la classe de CM2 A ; je m'en rappellerai !!! Je vous rappelle que ces bouteilles de jus de fruits sont destinées à la fête de l'école qui a lieu samedi prochain... Fête qui sera peut-être annulée, si...* (Il fait un geste de la main, comme pour calmer les chuchotements de réprobation.) *Silence ! J'ai dit SILENCE !!!* (Il reprend, un peu moins fort.) *Je disais : fête qui sera peut-être annulée, si nous ne mettons pas cette affaire au clair. Madame la directrice est en train de recompter les bouteilles car il semblerait qu'il en manque une douzaine... C'est inadmissible !...*
L'animateur pourra demander à chacun de faire une entrée affirmée (d'être déjà dans le personnage et dans le sentiment) et de terminer l'exercice par une sortie tout aussi tonitruante !

Ensemble ; un par un

Cycle 2/Cycle 3
Improvisation
Langage

33

LES AVENTURIERS BAVARDS

▲ Déroulement

On constitue des groupes de 5 à 10 élèves. Les enfants sont en ligne en fond de scène. Le professeur accorde quelques instants pour que chacun imagine une aventure extraordinaire dans laquelle il est le héros.
Au top, le premier élève avance vers le public et raconte avec enthousiasme et volubilité son aventure extraordinaire. Il doit donner le plus de détails possible en enchaînant les phrases sans temps de réflexion. Au deuxième top, le premier enfant s'arrête net et son voisin entreprend aussitôt le récit de sa propre aventure avec toujours autant de rapidité et de détails. Et ainsi de suite jusqu'au dernier enfant du groupe. Le but est de laisser aller son imagination en parlant sans interruption.

▲ Remarques

Le professeur pourra suggérer des thèmes de départ, si le besoin s'en fait sentir.

Exemples :
- *Rencontre avec des extraterrestres.*
- *Une star de la musique sonne à la porte.*
- *Voyage dans les airs.*
- *Témoin d'un cambriolage.*
- *Pris en otage par une bande de bandits.*

L'enfant s'adresse à tout le public d'une voix forte et doit s'efforcer de rendre son aventure « crédible » par la description des lieux, des personnages et des péripéties. L'animateur veillera à ce que chacun ait un temps de parole à peu près équivalent (une minute, par exemple).
On pourra demander au public de voter à la fin de chaque session (une session pouvant être composée de cinq enfants sur scène) pour le récit le plus convaincant.

▲ Variante

On demande aux enfants de reprendre leurs récits en ajoutant cette consigne : « faire de grands gestes ». On remarquera aussitôt que l'expressivité des acteurs en sera très nettement améliorée !

Un par un

Cycle 2/Cycle 3
L'état, les sentiments

34

QUELLE NOUVELLE ?

▲ Déroulement

Un enfant entre sur scène, un papier (ou une enveloppe) dans les mains : c'est une lettre qu'il vient de recevoir. À la façon dont il va lire silencieusement cette lettre, il doit faire sentir aux spectateurs quel genre de nouvelle contient la missive.
Trois temps doivent être nettement marqués dans le jeu :
1. L'ouverture de la lettre : le personnage va-t-il se précipiter sur la missive, hésiter avant de l'ouvrir, essayer de deviner ce qu'elle contient... ?
2. La lecture : prendre le temps de lire la lettre (d'un seul tenant, ou en parcourant très vite la lettre et en la relisant ensuite en entier...).
3. La réaction : brutale, progressive, exubérante, discrète...

▲ Remarques

On rappellera aux jeunes acteurs qu'ils ne pourront exprimer que ce qu'ils imaginent précisément.
Avant de commencer, les jeunes acteurs doivent définir :
– le personnage qu'ils jouent ;
– s'ils connaissent l'expéditeur de la lettre ;
– s'ils attendaient cette lettre depuis longtemps ou si c'est une surprise ;
– ce qu'elle contient ;
– ce que cela leur apporte comme agrément ou désagrément ;
– s'ils vont ouvrir l'enveloppe à toute vitesse ou au contraire la retourner dans tous les sens comme pour en deviner le contenu ;
– l'endroit où ils se trouvent (seuls chez eux, avec du monde, dans un lieu public...).

Pistes :
• *La lettre notifiant le renvoi de l'école.*
• *Un gros chèque de la part de tatie Colette.*
• *Un faire-part (naissance, mariage, décès).*
• *Le résultat d'un concours avec ou non un gros lot à la clef.*
• *La lettre d'un amoureux (déclaration d'amour, rupture).*
• *Le lettre d'un proche qui va bientôt venir en visite (« Super ! C'est tonton Xavier », « Zut ! C'est la revêche tante Adélie »).*

▲ À noter

On peut demander aux élèves de faire deux passages :
– un premier passage muet ;
– puis un deuxième passage parlé (on entend ce que pense le personnage ; il peut aussi nous livrer quelques bribes de la lettre avec ses commentaires ; etc.).

Un par un

Cycle 3
Improvisation

35

TROUVER N'EST PAS VOLER

▲ Déroulement

Au centre de la scène, l'animateur pose un papier qui symbolise un billet de banque. Un enfant traverse la scène en jouant un personnage typé, voit le billet et le ramasse. Il peut le faire soit le plus discrètement possible, soit en faisant croire qu'il avait une bonne raison pour s'arrêter et se pencher au bon endroit au bon moment, soit d'une manière humoristique.

▲ Remarques

Insister sur le fait que la façon dont l'acteur s'empare du billet doit dépendre du caractère du personnage qu'il incarne (un timide ne réagira pas comme un fripon, une personne âgée comme un enfant, un riche comme un miséreux, etc.).
Bien préciser qu'au départ le personnage qui traverse le plateau n'est pas censé trouver ce billet, qu'il doit donc avoir une intention précise avant de démarrer l'improvisation, et qu'il devra jouer cette intention avant de découvrir le billet. Car de cette situation dépendra aussi la façon dont réagit le personnage (on ne réagit pas de la même façon selon que l'on est pressé, en promenade, encombré de paquets, en train de téléphoner sur son portable, etc.).
On profitera de cet exercice pour rappeler qu'on joue *pour* les spectateurs, et que la façon dont on attrape le billet doit être totalement lisible par le public, en insistant autant sur l'expression corporelle et gestuelle (notamment au moment où le personnage voit le billet) que sur la « méthode » employée pour prendre le billet.

Pistes :

- *Le petit futé fait semblant d'avoir besoin de refaire son lacet.*
- *Le roublard fait semblant de tomber et en profite pour attraper le billet.*
- *Le timide regarde autour de lui pour être sûr que personne ne le voie et se tortille le plus discrètement possible pour attraper le billet.*
- *Le naïf claironne haut et fort qu'il vient de trouver un billet et hurle de joie.*
- *Le menteur déclare que c'est le billet qu'il avait perdu la veille.*

• *L'anxieux peut prendre le billet puis revenir le poser au même endroit à toute vitesse de peur d'avoir des ennuis.*
• *Le super-honnête demande partout à haute voix si quelqu'un n'a pas perdu de l'argent.*
• *Le snob trouve qu'il est trop petit et le laisse à terre.*
• *Le distrait ramasse le billet mais oublie sur place ce qu'il portait.*

▲ Variantes

➠ Deux personnages viennent de directions opposées (cour, jardin), le billet est au milieu. Qui va l'emporter ?
• *L'un des personnages, dès qu'il voit le billet, crie de joie en assurant que c'est celui qu'il venait de perdre.*
• *L'un des personnages essaie d'intéresser l'autre à quelque chose dans le ciel (par exemple) pour essayer de prendre le billet en douce.*
• *L'un des personnages assure qu'il va aller remettre le billet aux objets trouvés.*
• *De cet incident va naître une nouvelle amitié (ou un début de bagarre).*
• *Deux personnages très polis restent un temps infini à se faire des politesses.*
• *Deux très jeunes enfants décident de couper le billet en deux.*

➠ Deux personnages arrivent ensemble. Comment vont-ils réagir (partage, amusement, dispute, etc.) ?

Un par un

Cycle 2/Cycle 3
Improvisation
Langage

36

HISTOIRES DRÔLES

▲ Déroulement

La scène représente un plateau d'émission de télé sur l'humour, où chaque enfant va intervenir pour raconter une histoire drôle. L'émission est conçue comme un véritable spectacle, où chacun joue une entrée et une sortie.
On laisse un certain temps pour que chacun trouve une histoire drôle et la répète avant d'entrer en scène. Puis le spectacle commence.
Un par un, les enfants passent sur scène, en respectant la consigne suivante :
– en coulisses, avant d'entrer, prendre une profonde inspiration ;
– entrer sur scène pour aller se placer au centre ;
– regarder toute la salle en souriant ;
– s'incliner légèrement (salut au public) ;
– raconter son histoire, en se tenant bien droit, en regardant le public, en parlant haut et fort, et en prenant des temps ;
– à la fin de l'histoire, attendre la réaction des autres, puis saluer et sortir (sans courir).

▲ Remarques

Les enfants connaissent presque tous des histoires drôles et ils ont l'habitude de les raconter. On profitera donc de cette facilité pour dédramatiser la prise de parole en public et les aider à prendre conscience des contraintes de l'acteur (face public, articulation, temps, etc.).
On insistera aussi sur le rôle du public qui doit rester bienveillant et éviter les remarques désobligeantes comme : *« Je la connais déjà. »* Pour les plus timides, l'animateur peut avoir, par avance, répertorié quelques petites histoires faciles à retenir et qu'il distribuera suivant la demande.

Un par un

Cycle 2/Cycle 3
Expression corporelle
Langage
Improvisation

37

RACONTE-MOI

▲ Déroulement

Raconter, en jouant tous les personnages, un événement auquel on a assisté. On demande aux enfants de se remémorer un événement spectaculaire auquel ils ont assisté mais dans lequel ils n'étaient pas vraiment impliqués. Ils devront ensuite raconter cet événement en jouant tous les personnages, tous les bruits, les allures et les attitudes à force de gestes et de détails, en essayant de récréer l'ambiance et de nous le faire vivre. L'exubérance, la profusion de détails, voire la caricature seront les maîtres mots de cet exercice.

▲ Remarques

On conseillera aux enfants de choisir un événement qui les a vraiment marqués et qu'ils ont vécu en tant que témoins. On les poussera tout au long de l'exercice à jouer le plus à l'extrême possible tous les personnages, en prenant leurs voix, leurs démarches, en soulignant chaque détail (une porte qui claque, un klaxon intempestif, etc.).

Exemple :
[...] Et alors là, on entend une porte qui claque. *(L'enfant mime la porte qui s'ouvre et fait le bruit.)* Tout le monde se tait *(il mime l'action d'être au garde-à-vous, bouche fermée)* et le gros monsieur arrive. *(Il arrondit ses bras devant lui pour mimer un énorme ventre, puis marche d'un pas lourd et pesant.) [...]*

Pistes :
- *Une bagarre entre deux camarades dans la cour de récréation.*
- *Le jour où la maîtresse a explosé de colère.*
- *Deux automobilistes qui se disputent dans la rue.*
- *La fois où le petit frère s'est cassé la jambe et où la nounou était si affolée.*
- *Un moment capital dans un film.*
- *Un reportage télé où l'on voit une femme qui s'évanouit de joie en apprenant qu'elle a gagné le gros lot.*

Un par un

Cycle 3
Improvisation
Langage

38

VOTEZ POUR MOI !

▲ Déroulement

L'élève vient se placer au centre de la scène, face au public.
Il improvise un discours dans lequel il expose son programme de candidat aux élections municipales.
Il doit développer deux points différents dans son discours (ces points pouvant être réalistes ou loufoques) en s'efforçant d'être le plus convaincant possible.

Exemples de thèmes à développer :

- *La propreté de la ville (crottes de chiens, papiers qui traînent, etc.).*
- *Des bonbons gratuits pour tous les enfants.*
- *La pollution (interdire les voitures, développer les transports en commun...).*
- *L'école deux heures par jour.*
- *Installer les SDF dans les logements vides.*
- *Repeindre en couleurs toutes les écoles de la ville.*
- *Lutter contre le bruit (amendes pour les tapageurs, etc.).*
- *Déclarer le lundi comme une journée « déguisement obligatoire », où tout le monde est obligé de se déguiser, sous peine d'amende.*
- *Offrir des vacances à la mer aux enfants qui ne partent jamais.*
- *Etc.*

▲ Remarques

Grâce à cette improvisation, l'enfant peut aborder les sujets qui lui tiennent à cœur, mais il peut aussi s'amuser à imaginer des choses beaucoup plus fantaisistes, l'important étant qu'il trouve à chaque fois les arguments qui font mouche afin de convaincre les électeurs (le public) de voter pour lui.
L'enfant ne doit entrer sur scène qu'après avoir choisi les deux points qu'il va développer. Pour cela, le professeur laissera quelques instants de réflexion avant l'improvisation elle-même.
Comme il s'agit d'adresse directe au public, on s'assurera que l'enfant regarde tout le monde et ne se focalise pas sur le professeur, ce qui est souvent le cas.

TROISIÈME PARTIE

À DEUX

Ensemble ; deux par deux

Cycle 2/Cycle 3
Mise en route
Mime

39

LE MIROIR

▲ Déroulement

Les enfants se groupent par deux et se répartissent sur l'espace de jeu de façon à ne pas se gêner.
Chaque duo est composé d'un enfant « moteur » et d'un enfant « reflet ».
L'enfant « moteur » exécute des gestes et des déplacements lents face à l'enfant « reflet » qui les reproduit fidèlement et instantanément.
Au bout de quelques minutes, on inverse les rôles.

▲ Remarques

Comme il s'agit d'un reflet de miroir, on fera remarquer aux enfants que, lorsque l'enfant « moteur » lève le bras droit, c'est le bras gauche de son partenaire qui doit se lever ! Cela n'est pas si évident chez les plus jeunes, et la chose se complique quand l'enfant se déplace, croise les jambes, fait des demi-tours, etc. !
Pour des novices, on insistera sur une nécessaire lenteur des mouvements : le but n'est pas de surprendre son partenaire, mais de former un ensemble parfait.
Chez les plus jeunes, on s'en tiendra, au début, à des mouvements sur place (ou assis) ; on autorisera ensuite les déplacements.
Rien n'interdit par la suite de jouer de petites situations très simples avec ce principe (se regarder dans la glace et se trouver mauvaise mine, essayer un vêtement, etc.).
Cet exercice qui exige le silence, mais déclenche parfois des fous rires, constitue une excellente mise en train pour un début de séance.

Ensemble ; deux par deux

Cycle 2/Cycle 3
Mise en route
Mime

40

LA SCULPTURE

▲ Déroulement

Les enfants se groupent par deux et se répartissent sur l'espace de jeu de façon à ne pas se gêner.
Chaque duo est composé d'un « sculpteur » et d'une « sculpture ».
En silence, les « sculpteurs » manipulent délicatement leurs partenaires afin de leur faire prendre différentes poses. Ils ne peuvent pas communiquer oralement avec eux.
Les enfants « sculptures » sont disponibles sans être mous et doivent tenir les postures imposées par leurs « sculpteurs ».

Exemples :
Le « sculpteur » prend la main droite de son partenaire et la pose sur son épaule gauche. Il incline doucement la tête vers l'avant, puis penche son buste en direction du sol. Etc.

À chaque étape du travail, l'enfant « sculpture » garde la pose.
Tout est autorisé sauf :
– brutaliser son partenaire ;
– lui faire prendre une pose fatigante ;
– lui faire prendre une pose périlleuse ;
– parler avec lui pour lui demander d'exécuter tel ou tel geste.
Au bout de quelques minutes, on inverse les rôles.

▲ Remarques

Confiance et disponibilité mutuelles sont sollicitées pour ce travail, qui apprend aussi à entrer en contact physique avec l'autre tout en le respectant.
L'animateur aura tout intérêt à expliquer l'exercice en le montrant (avec l'aide d'un volontaire).
Il est important que soit respectée la consigne de silence, puisque la communication ne peut se faire que par le contact.
Les « sculpteurs » doivent être précis dans leurs mouvements sans être brutaux. Ils n'oublieront pas de « modeler » les visages de leurs partenaires. Ils peuvent les faire sourire, prendre un air renfrogné, étonné, etc.

Les enfants doivent résoudre eux-mêmes les problèmes rencontrés – par exemple : *« Comment faire asseoir ma sculpture ? »* (Faut-il lui prendre chaque jambe et les plier... ou donner une petite impulsion sur les épaules pour la faire descendre vers le sol ?)
La rapidité est de mise, le but étant de s'amuser à chercher les différentes poses que sa statue peut prendre (et pas forcément d'arriver à une image parfaite).
On laissera les enfants libres de composer des poses abstraites (n'exprimant aucun sentiment particulier) ou signifiantes (colère, joie, réflexion, etc.).

▲ Prolongement

On constitue des équipes (entre 5 et 10 acteurs) dans lesquelles il y a un « sculpteur » et des « sculptures », celles-ci se plaçant en ligne face au public dans une attitude neutre.
Le « sculpteur » manipule chaque enfant, lui attribue une place précise dans l'espace, etc., afin que l'ensemble des statues composent une image signifiante.
Le thème peut être libre ou donné par l'animateur (sans être dit au public).

Exemples :
- *La dispute.*
- *L'accident.*
- *Joyeux anniversaire !*
- *Le cours de dessin.*
- *Au voleur !*
- *Etc.*

Une fois l'image d'ensemble composée, le public exprime ses sentiments et doit deviner quel était le thème de départ.

Ensemble ; deux par deux

Cycle 2/Cycle 3
Mise en route
Concentration

41

POLICIER ET VOLEUR

▲ Déroulement

Deux enfants ont les yeux bandés.
Le premier (le voleur) doit essayer de se faire le plus discret possible pour échapper au second (le policier) qui doit lui mettre la main dessus.
Le policier est déclaré vainqueur s'il a réussi à toucher le voleur en moins de 2 minutes.
Dans le cas contraire, c'est le voleur qui a gagné la partie.

▲ Remarques

On aura pris soin de désorienter les deux participants en les faisant tourner sur eux-mêmes deux ou trois fois.
Bien sûr, le silence général est nécessaire, tant du côté du public que du côté des acteurs qui, totalement aveugles, doivent jouer sur la discrétion pour arriver à leurs fins.
L'exercice permet de développer l'attention et l'agilité silencieuse des deux protagonistes. Il sera nécessaire de vérifier qu'aucun obstacle pouvant présenter un danger ne se trouve dans l'espace de jeu.
Cet exercice très amusant peut trouver sa place en début de séance, ou permet de « calmer le jeu » au cours d'un atelier agité. L'animateur minutera précisément l'exercice afin de faire respecter le temps imparti à chaque duo (2 minutes).
On pourra proposer l'exercice en plusieurs fois (trois ou quatre groupes par séance) afin de ne pas épuiser la capacité de concentration de la classe.

▲ Variantes

➠ Selon l'espace de jeu dont il dispose, le professeur pourra augmenter le nombre des acteurs (un policier et deux voleurs, deux policiers et deux voleurs, etc.).
➠ Le voleur doit non seulement échapper au policier, mais aussi s'emparer d'un paquet de « bijoux » déposé (par l'animateur) dans une partie de l'espace de jeu :

– s'il s'en empare, il marque 2 points ;
– si c'est le policier qui met la main dessus en premier, c'est lui qui marque les 2 points.
Au fil des séances on pourra instaurer un « miniconcours », à l'issue duquel l'enfant qui a marqué le plus de points sera déclaré vainqueur.

Ensemble ; deux par deux

Cycle 2/Cycle 3
Mise en route
Expression corporelle

42

PÊCHEURS ET POISSONS

▲ Déroulement

Les élèves se répartissent sur deux lignes éloignées l'une de l'autre. Les enfants se font face.
Le groupe 1 est constitué de « pêcheurs », le groupe 2 de « poissons ».
Chaque enfant du groupe 1 lance un hameçon imaginaire sur une partie du corps de son partenaire du groupe 2 et « tire » sa ligne afin de ramener à lui sa proie.
De son côté, le poisson, entraîné par le pêcheur, doit résister du mieux qu'il peut. À la fin de l'exercice, le pêcheur prend possession du poisson.
Quand tous les pêcheurs ont réussi, on inverse les groupes.

▲ Remarques

Une grande concentration est nécessaire pour la bonne réalisation de cet exercice qui demande que chaque acteur soit à l'écoute des gestes, des regards et des intentions de son partenaire.
Dès le départ, le pêcheur doit faire comprendre du regard quelle partie du corps du poisson va être atteinte par son hameçon (genou, ventre, bras gauche, tête, poitrine, etc.). Le poisson est donc entraîné par la partie du corps en question tout en jouant le contrepoids de la résistance. Quant au pêcheur, il doit déployer toute son énergie pour ramener sa prise malgré les difficultés. Si un des acteurs propose une action, le partenaire doit en prendre compte et réagir.

Exemple :
Le poisson a été touché au genou. Tout à coup, il tombe à terre, le genou toujours en avant, et réussit à se cramponner à une branche imaginaire ! La progression est momentanément arrêtée, le pêcheur redouble d'énergie pour tirer sa ligne, etc.
L'exercice est très physique, bien qu'il n'y ait ni corde, ni hameçon (heureusement !), tout étant joué.

Ensemble ; deux par deux

Cycle 2/Cycle 3
Mime
Expression corporelle

43

COMBAT AU RALENTI

▲ Déroulement

Les enfants se groupent par deux et se répartissent sur l'espace de jeu de façon à ne pas se gêner.
À la manière d'une scène de western, les enfants miment un combat au ralenti, où chacun doit donner et recevoir des coups de pied, de poing, etc. Les déplacements, chutes et réactions physiques doivent aussi être exécutés dans un ralenti parfait. Le contact corporel ne doit pas aller plus loin que le simple effleurement. Et le silence doit être total !

▲ Remarques

Bien évidemment, toute vraie violence sera formellement proscrite ! L'animateur rappellera qu'au théâtre (et au cinéma) on fait semblant et que c'est le talent des acteurs qui donne l'illusion du combat. Avec ce thème de la « bagarre mimée », l'enfant est obligé de s'engager physiquement.
Le professeur expliquera que chaque « coup » vient de loin et nécessite la mise en action de tout le corps : quand un enfant donne un coup de poing, ce n'est pas seulement le bras qui se tend vers son adversaire, mais aussi le tronc qui prend son élan d'arrière vers l'avant, les jambes qui se fléchissent pour avoir la stabilité nécessaire, etc.
Quant à l'élève qui « reçoit » le coup de poing sur la mâchoire, par exemple, il accompagne le coup de son adversaire en tournant la tête comme si le choc l'avait déstabilisé, puis c'est le reste du corps qui se tord vers l'arrière, etc.
L'adulte sera vigilant sur le respect absolu du ralenti qui est le thème central de l'exercice. Il n'hésitera pas à reprendre sur ce point les acteurs jusqu'à ce qu'ils trouvent le bon rythme.
Ce ralenti permet de comprendre qu'un simple mouvement met en jeu tout le corps et qu'il s'inscrit dans l'espace. L'enfant apprend à canaliser son énergie, à maîtriser ses mouvements, tout en développant son attention aux propositions de son partenaire.
Enfin, les acteurs ne doivent pas oublier les jeux de physionomie qui doivent eux aussi donner l'illusion du combat : sourcils froncés, rictus de colère ou de souffrance, etc.

▲ Variantes

Toujours au ralenti, travailler une scène :

➠ de retrouvailles entre deux amis (ou amoureux, parents, etc.) : les gestes doivent être très exagérés dans le style du mélodrame (on imagine que les deux héros se retrouvent enfin après beaucoup de malheurs...) ;

➠ d'agression (meurtre) ;

➠ de rêve où le personnage s'envole, rencontre une fée, etc.

➠ Au stade de foot : l'équipe adverse vient de marquer un but et les supporters ont un moment de désespoir intense (la tête dans les mains comme s'ils pleuraient, les bras levés au ciel, expressions de grande tristesse, etc.). Inversement, leur équipe vient de gagner : moment d'euphorie.

▲ Prolongement

Les enfants se réunissent par petits groupes et préparent une histoire dans laquelle ils incluront un passage au ralenti. On leur demandera de bien jouer le contraste entre le jeu réaliste en vitesse normale et le jeu stylisé au ralenti.

Ensemble ; deux par deux

Cycle 3
Mise en route
L'état, les sentiments

44

ÉCHANGES D'ÉTATS

▲ Déroulement

Les enfants se divisent en deux groupes égaux : le groupe 1 se place côté jardin, le groupe 2 côté cour.
Le premier enfant du groupe 1 doit croiser sur scène le premier enfant du groupe 2 (les deux élèves partent donc en même temps pour atteindre les coulisses opposées).
Chaque enfant joue un état, un sentiment en partant de sa coulisse ; mais dès qu'il croise l'enfant de l'autre groupe, il doit immédiatement adopter le sentiment de son partenaire. Les états sont donc échangés.
On procède ainsi avec tout le groupe.

Exemples d'états, de sentiments :
- *La joie (hurler de joie, être guilleret, etc.).*
- *La tristesse (être mélancolique, pleurer à chaudes larmes, être désespéré, etc.).*
- *La peur (avoir peur d'être suivi, être terrifié par quelque chose, etc.).*
- *Et aussi : la timidité, la fatigue, le dédain, la colère, l'ivresse, l'état maladif, etc.*

▲ Remarques

Il s'agit ici de développer une sorte de « double concentration », puisque l'enfant doit être capable de jouer un état précis tout en étant attentif à l'état de l'autre... L'exercice prépare à un travail plus ambitieux (travail de groupe, scènes, spectacles, etc.) où chaque acteur doit jouer sa « partition » tout en participant à un ensemble.
Le professeur fera remarquer que les états joués doivent donc être vite compréhensibles par tous ! Un enfant qui ne comprend pas l'état que joue son partenaire est dans l'incapacité de le reproduire. Le jeu doit être amplifié tout en restant l'expression de la sincérité. Et c'est là toute la difficulté du jeu dramatique...

À deux

Cycle 3
L'état, les sentiments

45

LE GROMMELOT[1]

▲ Déroulement

Les enfants passent par deux et jouent en grommelot une situation imposée par l'animateur.
L'animateur pourra proposer une situation de départ.

Exemples :
- *Christelle a prêté son nouveau jeu vidéo à Raphaël, mais Raphaël n'ose pas lui dire qu'il l'a cassé.*
- *Sophie a rendez-vous avec Sylvestre pour aller au cinéma, mais Sylvestre arrive en retard; la séance est déjà commencée et il n'y a plus de place.*
- *Chantal voulait que les enfants dorment de bonne heure, mais Jean-Paul leur permet de regarder le match de foot qui finit tard.*
- *Nicolas déclare son amour à Yasmine.*
- *Alban doit avouer à son père que c'est lui qui a cassé l'ordinateur familial.*

Les jeunes acteurs doivent jouer avec sincérité et authenticité.

▲ Remarques

Cette contrainte oblige les enfants à ressentir profondément la situation et les sentiments et à s'investir avec tout leur corps.
On leur rappellera qu'ils doivent savoir quel sentiment motive leur personnage (fureur, embarras, insouciance, etc.). Les situations et les sentiments doivent être suffisamment forts et précis pour pouvoir être lisibles par le partenaire et les spectateurs.
Pour aider les enfants à démarrer l'exercice, l'animateur pourra au cours de son explication parler lui-même en grommelot, en apostrophant ses élèves jusqu'à ce qu'un ou plusieurs enfants se mettent à lui répondre de la même façon.
On veillera à ce que les grommelots des acteurs aient tous les attributs d'une langue étrangère : des sonorités multiples et marquées, un débit phrasé et un rythme en accord avec le sentiment.

1. Langage improvisé donnant l'impression d'une langue étrangère.

Certains enfants ont du mal, au début, avec cet exercice, car ils ne peuvent plus se cacher derrière des mots. L'animateur tâchera de former des binômes où au moins l'un des enfants pourra entraîner l'autre.
Cet exercice permet aux élèves de travailler sur l'intériorité du personnage et leur offre la possibilité d'« agir » leurs sentiments sans les noyer dans un flux verbal souvent inutile. Au fil de l'année, même les plus récalcitrants y trouveront plaisir et aisance.

▲ Variantes

➠ Deux élèves sont sur scène, face au public. L'un d'eux parle en grommelot, l'autre traduit au public ce qu'il dit.
Le traducteur devra, bien évidemment, être à l'écoute des propositions et des sentiments exprimés par son partenaire pour « inventer verbalement » son discours-traduction.

➠ Un seul enfant est sur scène ; il fait un discours à toute la classe en grommelot. À la fin du discours, le public peut dire ce qu'il a « compris ».

Points de départ :
- *Un professeur donne les résultats du contrôle de mathématiques.*
- *Un chef d'entreprise est devant ses employés ; il doit annoncer s'il va ou non licencier du personnel.*
- *Un messager arrive avec une nouvelle très importante (bonne ou mauvaise).*

On peut se servir des grommelots pour travailler (ou retravailler) une scène apprise par cœur.

À deux

Cycle 2/Cycle 3
Improvisation

46

L'AMI INVISIBLE

▲ Déroulement

Un enfant est en coulisses, tandis que l'autre, sur scène, doit jouer une petite situation de son choix. Au bout d'un temps, l'enfant resté en coulisses vient le rejoindre. Il est avec un ami « invisible » à qui il va parler tout au long de la scène et qu'il va présenter à celui qui est resté sur scène.
Cet ami invisible peut être n'importe quel personnage : un(e) ami(e) imaginaire, un ours, un éléphant, une fleur, etc.

▲ Remarques

Les intentions de l'enfant devront être en rapport avec la nature de son ami invisible : on ne se promène pas avec un ours comme avec un petit chien.
Attention que le jeune acteur ne répète pas continuellement les « paroles » de l'ami invisible. (Éviter par exemple les : *« Ah, tu me demandes si je vais bien ! »*, mais préférer : *« Pas mal, et toi ? »*)
L'enfant qui présente son ami doit être totalement persuadé que cet être invisible existe et nous le rendre réel en lui parlant et en le faisant vivre physiquement (en lui créant un espace vital, en le touchant, en lui installant une chaise, etc.).
Le personnage qui voit arriver l'étrange couple peut réagir comme il le veut :
– croire à l'histoire ;
– simuler qu'il croit à l'existence de cet être invisible, car il a peur des réactions de l'autre ;
– refuser d'écouter quoi que ce soit.
On lui demandera de laisser s'installer la perplexité avant toute autre réaction.
Très proche de l'univers des petits, cet ami invisible peut faire l'objet de multiples improvisations.

▲ Prolongements

➠ Même principe, mais l'enfant resté en coulisses va débarquer au milieu d'un groupe :
• *La cour de récréation.*

- *Un repas familial.*
- *Une réunion entre amis pour préparer un exposé...*

L'enfant discute avec son ami invisible en lui présentant les différents membres du groupe. Plusieurs réactions peuvent être jouées au sein du groupe : ceux qui y « croient », ceux que cette situation inquiète, etc.

➠ Même principe, mais c'est en arrivant sur une scène (vide) qu'un enfant découvre un personnage « invisible » avec qui il va se mettre à parler. Soit il connaissait déjà ce personnage invisible, soit il le rencontre pour la première fois. Leur conversation doit être la plus crédible possible, même si le public n'entend et ne voit qu'un seul personnage.

Ensemble ; deux par deux

Cycle 3
Improvisation

47

LA PREMIÈRE PHRASE

▲ Déroulement

Les enfants se séparent en deux groupes égaux. Le groupe A, composé d'enfants « moteurs », se place côté jardin ; le groupe B, composé d'enfants « récepteurs », se place côté cour.
Dans chaque groupe, un ordre de passage est établi. Sans concertation préalable, le premier enfant du groupe « moteurs » avance sur scène et propose une situation de jeu au premier enfant du groupe « récepteurs ».
Il doit obligatoirement :
– commencer à parler en disant : *« Il est 4 heures... »* ;
– imposer à son partenaire (par le jeu) la situation et les personnages (le sien et celui de son partenaire).
La situation se joue assez rapidement, puis les deux enfants se séparent.
Les enfants suivants de chaque groupe avancent pour jouer, à leur tour, une autre situation avec les mêmes contraintes.
Quand tous les enfants sont passés, on inverse les groupes : les « moteurs » deviennent « récepteurs », et inversement.

Exemples :
- *Un papa houspille sa fille qui va être en retard à son cours de piano : « Il est 4 heures, Aurélie ! Tu vas encore louper ton cours de piano ! Au prix que cela coûte ! On en a assez, ta mère et moi ! – Mais, Papa, je n'ai pas fini mes devoirs pour demain. » (Etc.)*
- *Julien attend fébrilement la proclamation des résultats du concours de hip-hop. Il est accompagné de son ami Thomas. « Il est 4 heures, Thomas... J'en peux plus d'attendre... Cela fait une heure qu'ils auraient dû afficher les résultats du concours de hip-hop. De toute façon, je suis sûr d'avoir raté mon passage... C'est même pas la peine d'attendre...*
– Mais non... Tu es super bon, il n'y a pas de raison. » (Etc.)
- *Une institutrice réprimande un élève qui s'est absenté de classe une demi-heure : « Il est 4 heures, Sacha ! Cela fait exactement 30 minutes que tu es parti aux toilettes ! Comme par hasard, juste au moment où nous commencions le contrôle de maths ! – Excusez-moi, Madame, je suis un peu malade en ce moment. » (Etc.)*

▲ Remarques

L'enfant « moteur » doit pouvoir rapidement inventer une situation de départ et la faire comprendre par son interprétation (les mots du dialogue, les expressions) à son partenaire. Pour cela, il est nécessaire qu'il adopte un jeu très clair, très expressif, afin que l'autre enfant saisisse immédiatement le cadre de la scène et le rôle qu'il est censé jouer.

L'élève « récepteur » peut ne rien jouer (rester neutre) tant qu'il n'a pas compris ce que propose l'enfant « moteur ». En revanche, il est obligé d'accepter ce que lui impose l'enfant « moteur ». Il ne doit pas y avoir de « refus de jeu » (exemple à ne pas suivre : « *Mais non, je ne suis pas la maîtresse, je suis ta mère !* »).

On rappellera aux enfants qu'une situation théâtrale intéressante naît souvent d'un conflit (entre des personnes, entre des intérêts contradictoires, etc.). En reprenant le premier exemple du déroulement, on peut imaginer que la petite Aurélie déteste le piano et invente de fausses raisons pour ne pas y aller (la prof est malade, l'école de musique est fermée, etc.). Le père est obligé de réagir encore plus fort, ce qui n'aurait pas été le cas si sa fille avait aussitôt obtempéré. La scène devient alors amusante ou dramatique, dans tous les cas intéressante.

Attention de ne pas oublier la première consigne : débuter la scène par la phrase imposée (souvent perdue de vue quand l'élève « moteur » a trouvé sa situation).

L'exercice apprend :

- à l'enfant « moteur » :
  - à inventer rapidement une situation, un personnage,
  - à respecter une consigne,
  - à être compréhensible dans son jeu ;
- à l'enfant « récepteur » :
  - à être attentif aux propositions de son partenaire et à les accepter,
  - à rebondir immédiatement sur la situation proposée en donnant de l'épaisseur à son personnage.

▲ Variantes

Autres débuts de scène possibles :

➠ *M. Duchemin est malade...*

➠ *Demain, il pleut...*

➠ *Bravo ! Quelle réussite...*

➠ *Il est interdit de...*

À deux **Cycle 3**
Improvisation

48

L'INVITÉ

▲ Déroulement

L'animateur a préparé des petits papiers, pliés en quatre. Sur chaque papier est inscrit un mot ou un groupe de mots. *(Voir exemples plus bas.)*
Deux enfants tirent chacun un papier et prennent connaissance de leurs mots, sans les révéler aux autres, ni à leur partenaire.
Ils vont devoir placer leurs mots le plus naturellement possible au cours de l'improvisation qu'ils vont jouer ensemble sur le thème suivant : un(e) journaliste reçoit dans son émission de télévision un chanteur (une chanteuse) célèbre.
À la fin de l'improvisation, les spectateurs interviennent pour dire quels étaient, à leur avis, les mots imposés aux deux acteurs.

Exemples de mots/groupes de mots :
Chaussures de ski, cheminée, thermomètre, taie d'oreiller, bonnet de bain, tournevis, rhinocéros, bonhomme de neige, eau minérale, alphabet, fil de fer, calculatrice, majuscule, vaisseau spatial, revue scientifique, araignée, scie à métaux, camion, école maternelle, chausson aux pommes, baignoire, président de la République, râpe à fromage, parapluie, pôle Nord, aspirateur, etc.

▲ Remarques

On aura pris soin de choisir des mots qui ne sont pas *a priori* utilisés couramment par un journaliste ou un chanteur afin de rendre l'exercice plus difficile et donc plus amusant.
Les acteurs placent leurs mots au milieu de la conversation en essayant de les faire « passer » le mieux possible afin qu'ils restent indécelables de tous.
Il ne faudra pas oublier l'improvisation elle-même, qui doit aussi être théâtralement intéressante, grâce notamment aux choix des caractérisations des deux personnages.

Exemples :
Le journaliste est...
- *très intimidé par le chanteur qu'il admire depuis longtemps ;*

• *très gêné, parce qu'il n'a pas du tout aimé son dernier CD ;*
• *de plus en plus furieux parce qu'il y a beaucoup trop de problèmes techniques ;*
• *nerveux : c'est sa première interview ; il bafouille et s'emmêle dans ses questions ;*
• *désagréable : il n'écoute jamais la réponse de son invité ;*
• *etc.*

Le chanteur est...
• *très imbu de sa personne et regarde le journaliste de haut ;*
• *complètement endormi parce qu'il a fait un concert la veille au soir ;*
• *excentrique et un peu fou : il chante la moitié de ses répliques ;*
• *enthousiaste : il trouve tout le monde formidable et surtout le journaliste ;*
• *renfrogné car il n'a aucune envie d'être là : il déteste cette émission ;*
• *etc.*

Comme dans toutes les improvisations, les élèves doivent s'écouter pour pouvoir se répondre, accepter les propositions de jeu du partenaire et savoir relancer l'action.
Les deux jeunes acteurs essaieront de trouver une « chute » à cette improvisation non préparée (fin de l'émission, dispute en direct, panne d'une caméra coupant l'émission, malaise de l'un des deux personnages, arrêt « pub », etc.).
Quant aux spectateurs, ils ont tout intérêt à rester attentifs pour pouvoir trouver les mots cachés !

▲ Variantes

Avec le même principe (mots imposés à placer), on joue d'autres situations :

➠ *C'est la rentrée des classes, deux amis sont heureux de se retrouver devant l'école. Ils se racontent leurs vacances.*

➠ *Un père (une mère) dispute son enfant car il a eu une mauvaise note au contrôle de géographie.*

➠ *Un client vient se plaindre d'un article défectueux au patron de la boutique.*

➠ *Deux amis se sont égarés dans une fête foraine ; ils n'arrivent plus à retrouver la sortie.*

Ensemble ; deux par deux **Cycle 2/Cycle 3**
Improvisation

49

L'OBJET DE LA DISPUTE

▲ Déroulement

Les enfants se réunissent par deux. Ils ont quelques minutes pour préparer une improvisation ayant pour thème une dispute à propos d'un objet.
Pendant le temps de préparation, les enfants ont à :
– choisir l'objet en question (qui sera physiquement présent ou représenté symboliquement) ;
– se mettre d'accord sur le scénario de l'histoire (qui doit rester simple : début, développement, fin) ;
– choisir les personnages et établir la distribution.

Exemples :
Cet objet peut être...
- *prêté mais pas rendu ;*
- *prêté mais rendu abîmé ;*
- *cassé par l'autre ;*
- *échangé à l'insu de son propriétaire ;*
- *convoité par les deux personnages ;*
- *acheté défectueux ;*
- *etc.*

Quand le temps de préparation est écoulé, chaque groupe joue son histoire devant les autres.
À l'issue de chaque scène, l'adulte instaure un petit échange entre le public et les acteurs sur ce qui vient d'être joué : compréhension de l'histoire, visibilité du jeu des acteurs, difficultés rencontrées, etc.

▲ Remarques

Avec ce thème très simple, les enfants s'initient à la technique de l'« improvisation préparée », qui peut se décliner avec des contraintes plus nombreuses et des groupes plus grands.
L'adulte précisera que le temps de préparation n'est pas un temps de répétition, mais de mise au point des éléments constitutifs de l'histoire à jouer.
Ce type d'exercice oblige les élèves à travailler ensemble pour concevoir rapidement un canevas simple avec des consignes données.

L'enfant apprend ainsi à inventer dans un cadre précis : impossible en effet d'improviser sans thème, sans histoire ou sans personnage préétablis (les professionnels de l'improvisation théâtrale le savent bien : ils se sont entraînés longtemps à développer leur inventivité pour réduire le temps de préparation au minimum).

▲ Variantes

Autres thèmes de disputes (à trouver : développement et fin) :

- *L'un des enfants est en retard au rendez-vous.*
- *Frère et sœur : qui est chargé de mettre la table aujourd'hui ?*
- *L'un a copié sur l'autre, mais ce n'est pas le copieur qui a été puni.*
- *Un enfant a bousculé son camarade dans la cour et ne s'est pas excusé.*

À deux

Cycle 3
Improvisation
Langage

50

DIALOGUE ÉPISTOLAIRE

▲ Déroulement

Deux enfants sont sur scène, assis à une table, munis d'un papier et d'un crayon. Ils vont, en échangeant des courriers, retracer une discussion. Le premier fait mine d'écrire, en annonçant à haute voix ce qu'il écrit. Quand il a terminé, le second lui répond en utilisant le même moyen, et ainsi de suite. L'échange doit porter sur un sujet précis : une demande, une polémique, la mise au point d'une réunion, des confidences, etc.
On impose (ou non) le nombre de lettres que doivent échanger les deux participants ; de même, on impose (ou non) la durée de la correspondance (semaine, mois, voire plusieurs années).
On peut définir avant de commencer la relation qui existe entre les deux personnages ou choisir que cela se décidera au cours de l'improvisation.

▲ Remarques

Les participants ne doivent pas réellement écrire, mais en donner l'impression. On veillera aussi à ce que l'échange reste épistolaire et ne devienne pas un dialogue, en respectant le style d'une lettre et sa construction (en-tête, date, signature, post-scriptum...). On insistera, bien évidemment, sur le fait qu'on n'écrit pas de la même façon à sa meilleure amie qu'à sa grand-mère.
Les deux partenaires doivent rester attentifs aux propositions apportées par chacune des lettres.
On demandera aux élèves d'essayer de trouver une chute originale (inattendue) et de veiller à ne pas s'écarter du sujet principal (même s'il est parfois utile de prendre des détours pour arriver à ses fins).

▲ Variantes

➠ Les acteurs sont devant un ordinateur et échangent des mails (période de correspondance de deux jours, style plus direct).

➠ Les participants échangent des minimessages sur des téléphones portables (période de correspondance de deux heures).

À deux

Cycle 3
Improvisation

51

LES QUESTIONS

▲ Déroulement

On propose à toute la classe une série de questions très simples comme :

- *Comment t'appelles-tu ?*
- *Quel âge as-tu ?*
- *Où habites-tu ?*
- *Qu'as-tu fait hier soir ?*
- *Qui était avec toi ?*
- *À quelle heure es-tu rentré ?*
- *Etc.*

Les élèves se mettent deux par deux. Ils vont avoir quelques minutes pour préparer une saynète où l'un des personnages devra obligatoirement utiliser un maximum des questions imposées, l'autre devant répondre en fonction de la situation choisie par les deux participants.
Chaque groupe présente aux autres le fruit de son travail.

Pistes :

- *Un interrogatoire de police.*
- *Une interview.*
- *Une demande administrative (passeport, carte d'identité).*
- *Une rencontre.*
- *Une première présentation au maître.*
- *Une visite chez le médecin.*
- *Deux enfants entre eux.*
- *Un contrôle d'anglais.*

▲ Remarques

Les jeunes acteurs devront, par leur interprétation, faire comprendre dans quelle situation ils ont décidé de faire évoluer leurs personnages.

À deux

Cycle 3
Improvisation

52

LE DENTISTE

▲ Déroulement

Nous sommes chez le dentiste. Un enfant est assis sur une chaise placée au centre de la scène : c'est le patient ; un autre enfant est debout à ses côtés : c'est le dentiste.
Le patient doit avoir la bouche ouverte et la tête légèrement en arrière (comme chez le dentiste).
Le dentiste mime quelques secondes le fait de « travailler » sur son client puis déclare : *« Eh bien voilà, c'est presque fini ! Vous gardez la bouche bien ouverte le temps que la résine prenne ! »*
Puis le dentiste vaque à ses occupations (nettoyage des instruments, etc.), tout en engageant une conversation avec son client qui doit répondre, le plus distinctement possible, mais la bouche ouverte.
Au bout d'un temps, le dentiste sort ; le patient, toujours la bouche ouverte, attend un moment puis doit tout faire pour essayer de faire revenir le dentiste : il a le droit de se lever, mais ne peut sortir de la pièce et doit garder la bouche ouverte.

▲ Remarques

L'enfant qui joue le rôle du dentiste doit poser un maximum de questions à son patient pour le faire parler. Le patient doit jouer le jeu en essayant de répondre le plus distinctement possible. Quand le patient se retrouve seul, il doit faire comprendre au public qu'il trouve le temps long, qu'il s'inquiète, puis il doit tout faire pour essayer de faire revenir le dentiste. On lui demandera de jouer tous les états par lesquels il passe : attente, inquiétude, affolement, découragement, etc.
Bien mené et retravaillé d'après l'improvisation, cet exercice peut devenir un véritable sketch. On peut, suivant l'évolution du travail, faire intervenir d'autres personnages ou situations : la secrétaire du dentiste, un autre patient, le téléphone portable du patient qui sonne, etc.

QUATRIÈME PARTIE

PETITS GROUPES

De 3 à 6 acteurs

Cycle 2/Cycle 3
Concentration

53

QUI SUIS-JE ?

▲ Déroulement

Un enfant est assis sur une chaise face au public, yeux bandés.
Tour à tour, les autres élèves viennent lui dire chacun une phrase de virelangue *(voir p. 56)* à l'oreille. L'enfant assis doit deviner leur identité au fur et à mesure.
On répète l'exercice, mais cette fois-ci les enfants doivent chuchoter.

▲ Remarques

On proposera cet exercice une fois que les enfants se connaissent suffisamment pour connaître la voix et le prénom de chacun d'entre eux.
Le professeur choisira si tous prononcent la même phrase ou une phrase différente.
Le silence et la concentration doivent être respectés par tous. Il s'agit ici de développer l'écoute et l'attention portée aux autres : timbre de la voix, façon de prononcer, accent éventuel, etc.
Quant la phrase est chuchotée, il est plus difficile de repérer qui en est l'auteur ! Cette phase de l'exercice demande un entraînement plus poussé.

▲ Variante

Comme dans le jeu de colin-maillard, c'est le visage de chaque enfant que l'élève aveugle touche afin de le reconnaître.

De 3 à 6 acteurs

Cycle 2/Cycle 3
Concentration
Voix

54

TOUS ENSEMBLE!

▲ Déroulement

Les enfants sont en fond de scène, en ligne, face au public. Ils regardent droit devant eux.

Au top de l'animateur, tous les enfants marchent d'un même pas en avant-scène, s'arrêtent ensemble et disent en même temps une phrase, préalablement choisie.

Une fois la phrase dite, les enfants se retournent (dos au public) et regagnent, dans un ensemble parfait, le fond de la scène.

Exemples de phrases :

- *Il est interdit de marcher sur les pelouses.*
- *Samedi prochain, je pars au bord de la mer.*
- *Bonjour, monsieur, je voudrais un kilo de tomates, s'il vous plaît.*
- *Mais que diable allait-il faire dans cette galère! (*Les Fourberies de Scapin, *Molière)*
- *Maître Corbeau, sur un arbre perché, tenait en son bec un fromage. (*Le Corbeau et le Renard, *La Fontaine)*
- *Ce nez qui d'un quart d'heure en tous lieux me précède. (*Cyrano de Bergerac, *Rostand)*
- *Ô le jardin de Tartarin, il n'y en avait pas deux comme celui-là en Europe! (*Tartarin de Tarascon, *Alphonse Daudet)*
- *Que le jour recommence et que le jour finisse/Sans que jamais Titus puisse voir Bérénice. (*Bérénice, *Racine)*

(Voir aussi les exercices de diction et les virelangues, p. 56.)

▲ Remarques

L'exercice demande que chacun se sente responsable de la réussite de l'ensemble : un enfant décalé ou dans la lune et la cohésion n'est plus assurée !

Si nécessaire, on pourra simplifier l'exercice en :

– imposant le nombre de pas que tous devront faire avant de parler;

– donnant un signal pour que tous disent la phrase en même temps.

On demandera aux enfants d'être dynamiques et de ne pas parler d'un ton monocorde.
Le regard des enfants doit être franc, mobilisé, investi. Pour cela, on conseillera à chacun de prendre comme appui un point précis situé en face de lui (donc derrière les spectateurs : tache sur le mur, interrupteur, etc.) et de ne pas le quitter, ce qui supprimera les regards fuyants.
La présence de l'acteur (le fait qu'on le suive, qu'il nous intéresse) est due en grande partie à la qualité de son regard, qui est le reflet de son âme, de ses sentiments. Le regard se travaille comme le reste du corps, pour se mettre au service de l'expression.

▲ Variantes

➠ Le professeur peut augmenter les difficultés en proposant :
– des phrases plus longues ou plus difficiles ;
– des actions supplémentaires.

Exemples :
- *Commencer l'exercice dos au public et se retourner.*
- *Tendre un doigt accusateur juste avant de parler.*
- *Dire la phrase avec un sentiment et un geste prédéterminés.*

➠ Les enfants se réunissent par petits groupes (de trois ou quatre enfants) et décident d'une suite d'actions et de phrases à faire et à dire ensemble. Après un petit temps de répétition, chaque groupe présente son travail aux autres élèves.

5 ou 6 acteurs

Cycle 2/Cycle 3
Expression corporelle
L'état, les sentiments

55

KÉSAKO ?

▲ Déroulement

La classe est divisée en petits groupes de cinq ou six élèves qui passeront chacun à leur tour. L'animateur a posé au centre du plateau (par terre ou sur une table) un objet tout à fait anodin (crayon, chaussure, cahier, balle, instrument de musique...).
Chaque équipe va jouer un groupe d'extraterrestres qui arrive pour la première fois sur Terre et qui va découvrir cet objet en se demandant ce que c'est. Chaque équipe a quelques minutes de préparation avant de commencer.

▲ Remarques

Le groupe doit rester, surtout au début, très uni, comme un corps à cinq têtes. Au fur et à mesure de la découverte, il pourra se diviser, mais tous doivent garder à l'esprit qu'ils sont dans un lieu inconnu et que la circonspection et la solidarité sont de rigueur.
Redécouvrir un objet usuel, oublier les automatismes et les idées reçues seront les buts premiers de cet exercice.
Les élèves veilleront à rester à l'écoute des propositions de leurs partenaires quant aux différents usages supposés de l'objet.
L'improvisation doit être jouée crescendo : arrivée, découverte de l'objet, suggestions de chacun, puis éventuellement panique générale ou dissension au sein du groupe.
On pourra au cours de l'improvisation (ou avant) définir les différents rôles de chacun : le craintif, le téméraire, le chef, le « jamais d'accord », etc.
On peut aussi jouer cette improvisation en muet ou demander à chaque équipe de s'inventer un terme récurrent (à la manière des Schtroumpfs) qui marquera leur langage.

▲ Prolongement

Suivant l'avancée du travail, les jeunes acteurs pourront, peu à peu, s'étonner des autres objets qui les entourent. Par leurs remarques, ils pourront ainsi nous faire comprendre de quel genre de planète ils arrivent.

Exemples :
- *Ils n'ont jamais vu de chaise, car chez eux on ne s'assoit jamais.*
- *Ils ne comprennent pas pourquoi les murs ne chantent pas, car chez eux c'est ce qui se passe.*
- *Pourquoi les tables ne viennent pas quand on les appelle comme sur leur planète ?*
- *Ils peuvent s'inquiéter ou s'émerveiller devant les différentes couleurs : chez eux, tout est en noir et blanc.*
- *Tous, à quatre pattes, suivent le parcours d'une fourmi imaginaire (ou réelle), en essayant de lui parler, croyant que c'est un personnage important : chez eux, plus on est petit, plus on est important.*

▲ Variante

Ce n'est plus cette fois-ci un objet que vont découvrir nos extraterrestres mais une autre équipe, chacune des équipes devant trouver l'autre vraiment très bizarre.

De 4 à 6 acteurs

Cycle 2/Cycle 3
Expression corporelle

56

RÉGLER UNE CASCADE

▲ Déroulement

Les élèves sont divisés en petits groupes. Avec l'aide de l'animateur, chaque groupe va régler une cascade simple (et sans danger).
L'animateur définit d'abord la cascade, en expliquant chaque geste à faire et les places exactes de chacun (comme pour une chorégraphie). Puis les participants répètent individuellement, à froid, leur propre mouvement. Chaque groupe répète, ensuite, le mouvement d'ensemble. Les enfants se déplacent lentement et annoncent à voix haute ce qu'ils doivent faire et pourquoi. Puis on essaie de vraiment mettre la cascade en place, en la jouant d'un seul tenant, lentement au départ, puis de plus en plus dans le temps réel, l'animateur annonçant à voix haute les déplacements de chacun et les tops de départ.
Quand tous se sentent prêts, l'animateur, tel un réalisateur, annonce le numéro de la prise, lance : « Moteur ! », « Action ! » et les enfants jouent leur cascade.

Pistes :

- *Deux personnes entrent dans une pièce en courant, sans regarder, et foncent l'une vers l'autre. Une troisième qui comprend qu'elles vont se heurter veut s'interposer, mais c'est trop tard et les trois personnes se télescopent.*
- *Un conducteur (un enfant marchant avec un volant dans les mains) et son compagnon de route discutent dans une voiture (discussion vive). Au même moment un groupe d'écoliers chahute : un enfant en pousse un autre, qui en fait tomber un troisième sur la chaussée. La voiture arrive à freiner à temps, mais c'est tout juste.*
- *Une file d'attente dans un lieu public : deux personnes se disputent violemment et en viennent aux mains. Une troisième veut les séparer, mais c'est elle qui prend la gifle que l'un des belligérants destinait à l'autre. Surpris, la troisième recule et bouscule la quatrième, qui bouscule la cinquième, etc.*
- *Un embouteillage : les voitures avancent à la queue leu leu. Tout d'un coup, un enfant traverse devant la première voiture qui freine brusquement. La deuxième voiture lui rentre dedans, puis réaction en chaîne.*

• *La peau de banane : un enfant fait mine de manger une banane et de jeter la peau par terre. Un autre arrive derrière et manque de glisser sur la peau. Il veut se rattraper à un troisième qui, surpris, jette son sac en l'air, celui-ci atterrissant à côté d'une quatrième personne. Cette dernière fait un écart, recule et bouscule le premier enfant, qui se retrouve avec la banane écrasée sur la figure.*

▲ Remarques

Les cascades n'ont pas besoin d'être trop compliquées (au contraire), l'essentiel dans cet exercice étant d'apprendre aux enfants à respecter strictement des temps, des places et des mouvements.
C'est un exercice qui plaît énormément aux enfants (et pas seulement aux garçons). Sous ses aspects ludiques, il offre à l'animateur un bon moyen d'aider ses élèves à canaliser leur énergie, à contrôler et à synchroniser leurs déplacements.
Une fois que la cascade est mise en place, on demande aux élèves de la jouer : surprise, douleur, etc. Les acteurs ne doivent jamais oublier que, pour faire illusion, il faut être authentique.
L'animateur peut aussi avoir recours à un croquis qui explique à chacun sa position de départ, ses déplacements et sa position d'arrivée.
Pour les plus jeunes, ne pas hésiter à proposer des enchaînements très simples, cet exercice demandant une importante maîtrise des mouvements.

Exemples :
• *Deux personnes arrivent de dos, ne se voient pas et se cognent.*
• *Deux personnes se baissent en même temps pour ramasser quelque chose et se cognent la tête.*
• *Des enfants, dans un bus, tombent de leurs sièges au moment d'un choc.*

▲ Prolongement

Chaque groupe a quelques minutes pour mettre au point une cascade. L'animateur demande d'éviter les rafales de mitraillettes et autres emprunts aux films violents, en profitant au contraire de cet exercice pour trouver avec les élèves des scènes d'action qui changent un peu de l'univers de la télé. Chaque groupe présente son travail à toute la classe. Puis on demande à un élève d'un autre groupe de commenter l'action à la manière d'un documentaire ou d'un reportage. Ou on demande au groupe qui a présenté son enchaînement de mettre au point une petite saynète qui introduit et/ou conclut cette cascade.

6 acteurs et plus

Cycle 2/Cycle 3
Expression corporelle

57

LE BUS

▲ Déroulement

On installe des chaises sur scène pour recréer l'implantation intérieure d'un bus. Une chaise est placée en avant-scène (place du conducteur), les autres réparties sur deux rangées.
La classe est divisée en plusieurs groupes qui passeront les uns après les autres. Dans chaque groupe on désigne un meneur, qui prendra la place du chauffeur; les autres joueront les voyageurs.
Quand tout le monde est en place, le chauffeur annonce le départ et commente tout le voyage, permettant ainsi à ses voyageurs de répondre physiquement à ses indications.

Exemples :
- *« Je démarre doucement » : tous les voyageurs se tiennent assis très légèrement penchés en arrière, détendus, calmes.*
- *« Je démarre en trombe » : tous les enfants se tiennent assis mais très penchés en arrière, le visage crispé.*
- *« Je tourne à droite » : tous les enfants se penchent vers la gauche.*
- *« Je freine brusquement » : tous les enfants sont projetés d'avant en arrière.*

Le voyage se déroule durant 3 ou 4 minutes, puis on change de groupe. Quand tous les groupes sont passés, on recommence, mais cette fois-ci le meneur n'annonce rien : il ne fait que jouer physiquement le déroulement du voyage et les élèves, derrière lui, doivent suivre au plus près ses propositions.

▲ Remarques

Dans la partie « parlée », on demandera au meneur d'annoncer clairement et précisément les différents événements du voyage et d'être inventif (ne pas jouer seulement les virages à gauche, à droite).
Dans la partie muette de l'exercice, les gestes du meneur devront être lisibles par tous, les voyageurs du fond devant suivre les mouvements de ceux qui sont devant eux. On en profitera pour montrer que le passage

d'information (gestuelle en particulier) exige précision et netteté. *(Voir « Le miroir », p. 107.)*

▲ Prolongement

(Pour les plus grands.) On pourra au cours de l'année enrichir l'exercice en le mettant, de plus en plus, en scène.

- *Créer des petites saynètes entre les différents voyageurs.*
- *Jouer les différents arrêts du bus, avec des personnages qui montent et qui descendent à chaque station.*
- *Recréer l'atmosphère d'un bus de supporters de foot.*
- *Recréer l'atmosphère d'un bus scolaire.*
- *En route pour la colonie de vacances !*
- *Recréer l'atmosphère d'un bus transportant de très vieilles personnes.*
- *Le car qui emporte des élèves vers un examen important ou une compétition sportive.*

▲ Variante

Avec des petits groupes de trois ou quatre enfants, même principe mais dans la voiture familiale.
On ne jouera tout d'abord que la partie gestuelle (tout le monde à l'écoute du conducteur), puis on mettra peu à peu en scène ce voyage en automobile.

- *Départ en vacances : cela fait trois heures que toute la famille est coincée dans les embouteillages.*
- *Recréer les disputes entre frère(s) et sœur(s) à l'arrière.*
- *Maman trouve que Papa va trop vite.*
- *Papa trouve que Maman ne va pas assez vite.*
- *Dans une ville étrangère, les enfants essaient de tout voir par les fenêtres.*

3 ou 4 acteurs

Cycle 2/Cycle 3
Expression corporelle
Concentration

58

OBSTACLES IMAGINAIRES

▲ Déroulement

On forme des groupes de trois ou quatre enfants. Dans chaque groupe on désigne un meneur. Chaque équipe va traverser la scène, remplie d'obstacles imaginaires qui seront annoncés par le meneur.
En suivant les recommandations du meneur, les enfants du groupe passent les différents obstacles.

Exemple :
Pauline (en tête) : « *Attention, il y a un tronc d'arbre ! Il faut l'enjamber.* » Elle enjambe le tronc d'arbre imaginaire, chaque enfant en fait autant derrière elle.
Pauline : « *Là, devant, une rivière !* » Elle saute pour éviter la rivière, suivie de tous les enfants.
Pauline : « *Une grotte, il faut passer dedans !* » Elle se met à terre en rampant.
Etc.

▲ Remarques

On demande aux élèves d'essayer de faire exactement les mêmes gestes et d'être le plus précis possible. Si le meneur se baisse pour passer sous un obstacle, les autres doivent se baisser au même niveau. On expliquera aux enfants que plus ils imaginent (visualisent) les obstacles imaginaires, plus ils seront précis et crédibles dans leur progression.

▲ Variantes

➠ Le meneur ne dit rien, les autres doivent le suivre uniquement en reproduisant ses déplacements.

➠ Le parcours est imposé par l'animateur, qui peut le dessiner sur un plan ou le décrire oralement avant l'exercice, les enfants devant alors travailler de mémoire.

Un (ou plusieurs) petit(s) groupe(s) **Cycle 2/Cycle 3**
Diction

59

CHŒUR D'ARTICULATION

▲ Déroulement

L'animateur distribue un des textes d'exercice de diction suivants, que chacun va lire à voix haute.
L'animateur lit la première phrase, les enfants la répètent ensemble. On procède ainsi phrase après phrase, ce qui permet aux enfants de mémoriser tout le texte.
Le groupe va sur scène, les enfants se plaçant côte à côte sur plusieurs lignes en arc de cercle, les plus grands derrière, comme pour une chorale.
Les enfants vont tout d'abord tenter de s'accorder au signal de l'animateur : respirer ensemble, sur le même rythme.
Quand l'union sera réalisée, on pourra commencer à dire (lire) le texte, en chœur, sur le même rythme, en articulant, en faisant sonner les consonnes et en tenant les finales.
Bien mené, un tel chœur donne une impression de puissance et d'unité, à la grande joie des enfants qui comprennent que la rigueur et la concentration sont les piliers de cette réussite.
On pourra aussi :
– former un canon;
– découper le texte en plusieurs groupes;
– travailler en polyphonie (certains parlant avec une voix grave, d'autres avec une voix très aiguë);
– théâtraliser le chœur : un enfant lit un texte en s'adressant au chœur qui le reprend en écho avec des consignes différentes (très lentement, en murmurant, avec force, en « pleurant », en ne reprenant que les dernières syllabes des mots, en étirant chaque syllabe, etc.)

Textes à articuler

- Oreille de chat, coprin chevelu, langue de bœuf, lépiote à crête, mycène à pied laineux, pleurote, vesse de loup, amanite tue-mouches, russule, malanolengue vulgaire, chanterelle : drôle d'omelette aux champipis aux champignons !
- Un jour Kiki la cocotte demande à Coco le concasseur de cacao de lui offrir un caraco kaki avec un col de caracul. Coco le concasseur de

cacao voulut bien offrir à Kiki la cocotte le caraco kaki mais sans col de caracul. Or, vint un coquin qui conquit le cœur de Kiki la cocotte. Il offrit à Kiki la cocotte le caraco kaki avec le col de caracul ! Conclusion : Coco le concasseur de cacao fut carotté.

- J'ai un point dans mon pourpoint qui me pique et qui me pointe ; si je savais celui qui a mis ce point dans mon pourpoint qui me pique et qui me pointe, je lui mettrais un point dans son pourpoint qui le pique et qui le pointe.

- **Groupe 1** – Lundi : pâté, patates et pâtes.
  Groupe 2 – Mardi : pâtes, pâté et patates.
  Groupe 1 – Mercredi : patates, pâtes et pâté.
  Groupe 2 – Jeudi : pâté, pâtes et patates.
  Groupe 1 – Vendredi : pâtes, patates et pâté.
  Groupe 2 – Samedi : patates, pâté et pâtes.
  Groupe 1 et Groupe 2 – Dimanche... un grand verre d'eau !

- **Groupe 1** – Chez les Papous il y a des Papous papas.
  Groupe 2 – Et des Papous pas papas.
  Groupe 1 – Et des Papous à poux.
  Groupe 2 – Et des Papous pas à poux.
  Groupe 1 et Groupe 2 – Chez les Papous il y a des Papous papas à poux et des Papous papas pas à poux, et des Papous pas papas à poux et des Papous pas papas pas à poux.

- **Groupe 1** – Un, deux, trois, du charbon de bois.
  Groupe 2 – Quatre, cinq, six, six cent six saucisses.
  Groupe 1 – Sept, huit, neuf, un barbecue neuf.
  Groupe 2 – Dix, onze, douze, au milieu de la pelouse.
  Groupe 1 – Comptez jusqu'à treize, s'il reste des braises.
  Groupe 1 et Groupe 2 – Grillez les merguez.

- **Groupe 1** – Qu'est-ce que hiéroglyphes ?
  Groupe 2 – Coups de griffes ?
  Groupe 1 – Pattes de mouche d'escogriffe en babouches ?
  Groupe 2 – Non, répond Champollion.
  Groupe 1 – Le champion des traductions.
  Groupe 2 – Gribouillis très anciens, manuscrits égyptiens.

- Buvons un coup, ma serpette est perdue,
  Mais le manche, mais le manche,
  Buvons un coup, ma serpette est perdue,
  Mais le manche est revenu.

À dire en transformant tous les sons en « a », « e », « i », « o », « u », « oi », « ou », « oin », au choix – ce qui donne, par exemple :

Buvus'u ku mu surputu purdu mu lu muchu mu lu muchu buvus'u ku mu surputu purdu mu lu muchu ruvunu.

- Un éléphant qui se promenait tout doucement dans la forêt et qui portait sur son dos un joli perroquet qui s'appelait Jacot et qui buvait du lait.

À dire en transformant toutes les consonnes en une seule comme « k », « m », « b », etc., au choix – ce qui donne, par exemple :
Un ébéban bi be bobebai bou boubeben ban ba bobêt é bi bobai bu bon bo un bobi bebobè bi babebai babo é bi bubai bu bai.

- Bam dam gam vam zam
  Bèm dèm gèm vèm zèm
  Bom dom gom vom zom
  ...

- Pam tam kam fam sam
  Pèm tèm kèm fèm sèm
  Pom tom kom fom som
  ...

- Ba be bi bo bu
  Ma me mi mo mu
  Na ne ni no nu
  Ta te ti to tu
  (gr, mr, pr...)
  ...

De 4 à 6 acteurs

Cycle 2/Cycle 3
Concentration

60

CHUT ! BÉBÉ DORT...

▲ Déroulement

On constitue des équipes de quatre à six acteurs.
L'espace scénique représente une chambre de nourrisson où sont disséminés plusieurs objets hétéroclites (cartables, vêtements, chaises, etc.).
Un enfant est assis par terre, yeux fermés, au milieu de l'aire de jeu. Il joue le rôle du « bébé ».
Le reste de l'équipe est dissimulé en coulisses et constitue la « famille ». Ils doivent venir sur scène le plus discrètement possible pour récupérer tous les objets s'y trouvant et les rapporter en coulisses, sans réveiller le « bébé ». Celui-ci, yeux fermés, pleure (quelques secondes) s'il entend le moindre bruit. Pendant les cris du « bébé », la « famille » s'immobilise puis, dès le silence revenu, reprend le cours de son rangement. Plus rien ne doit rester sur scène.
Chaque équipe passe tour à tour sur scène devant le reste de la classe.

▲ Remarques

Le silence de tous (public et participants) est bien sûr indispensable !
Le travail développe les facultés d'attention et de concentration de tous, ainsi que l'esprit de solidarité et de responsabilité pour les enfants de la « famille » (chacun étant responsable du groupe).
Il peut prendre place en début d'atelier ou au cours d'une séance nécessitant un retour au calme.

▲ Variante

Même principe, mais, cette fois-ci, ce sont des voleurs qui viennent dévaliser un appartement.
On met en place un concours entre les équipes : celle qui a comptabilisé le moins de cris de bébé aura gagné. (*N.B.* : il faudra alors veiller à désigner un « bébé » qui ne fasse pas partie de l'équipe en lice.)

3 acteurs

Cycle 3
Expression corporelle
Mise en route

61

LE MOT CORPOREL

▲ Déroulement

Le professeur a préparé des mots, écrits en capitales, sur des papiers pliés en quatre.

Exemples de mots :
Café, thé, arc, bol, boa, défi, chat, fil, gris, kilo, mur, nord, pli, coq, sel, trou, veau, kiwi, taxe, yeux, zut...

Les enfants se réunissent par groupes de trois.
Chaque groupe tire un papier différent sur lequel est écrit, en capitales, un mot de trois ou quatre lettres.
Ils répètent quelques minutes afin de préparer leur prestation : figurer physiquement chaque lettre de ce mot à l'aide de leurs postures corporelles.

Exemple :
Pour figurer la lettre « H » : deux enfants se placent l'un en face de l'autre, de profil par rapport aux spectateurs. Ils tendent leurs bras l'un vers l'autre à l'horizontale, de façon que chacun touche les épaules de l'autre.

Les enfants enchaînent les « lettres-corps » les unes après les autres, pour composer le mot entier. Puis chaque groupe propose son enchaînement devant les autres qui doivent trouver le mot ainsi figuré.

▲ Remarques

On conseillera à tous de travailler avec le regard d'une personne de son groupe (en alternant les rôles – ceux qui exécutent et celui qui regarde – à chaque nouvelle lettre) pour vérifier la lisibilité de la lettre en construction.
Le placement par rapport au public est évidemment primordial (attention à l'effet miroir qui risque d'inverser la lettre !). Ne pas oublier de laisser au public le temps de « lire » chaque lettre.
Très amusant, cet exercice de mise en route permet aussi de travailler l'invention, l'engagement physique, la solidarité et la précision.

De 3 à 6 acteurs

Cycle 2/Cycle 3
Concentration

62

LES PERTURBATEURS

▲ Déroulement

Un enfant est assis sur scène face au public. Les autres sont debout, disposés autour de lui en arc de cercle, sans le toucher.
L'enfant assis doit s'efforcer de rester impassible aux sollicitations, paroles, perturbations des autres enfants, tout en les regardant.
Ceux-ci tentent de :
– le faire rire (en lui racontant une bonne blague, en lui faisant des grimaces, en mimant un personnage comique, etc.);
– lui faire peur (en se regroupant autour de lui, en criant...) ;
– le surprendre (cri, mouvements rapides, etc.);
– etc.
Tout est autorisé, sauf l'agression verbale et le contact physique.
La durée totale est d'une minute.

▲ Remarques

Ce travail est bénéfique pour tous les participants.
Les acteurs « perturbateurs » doivent imaginer très rapidement les différents moyens de faire « craquer » leur camarade, en gardant le contrôle de leurs mouvements et de leurs intentions.
L'enfant assis doit rester impassible (visage neutre, sans expression particulière), donc très concentré.
L'animateur restera vigilant sur le bon déroulement de l'exercice, dans le respect de tous (pas d'insultes ni de gestes agressifs).
Les enfants apprécient beaucoup ce travail, qui leur apprend à entraîner leur capacité de concentration.

3 ou 4 acteurs

Cycle 2/Cycle 3
Improvisation

63

LES CONTRAINTES (IMPROVISATIONS PRÉPARÉES)

▲ Déroulement

Les élèves se réunissent par petits groupes (de trois ou quatre enfants). L'animateur expose les éléments devant se trouver *obligatoirement* dans la petite histoire que chaque groupe va inventer et jouer.
Chaque groupe se concerte quelques minutes afin de mettre au point le scénario de son improvisation, puis le joue devant les autres. Il y aura donc autant d'histoires que de groupes, mais avec les mêmes contraintes.
L'animateur impose de une à trois contraintes parmi celles-ci :

Un personnage obligatoire

Exemples :
Un policier, un pompier, une boulangère, un médecin, un bébé, une dame très chic, un chanteur, un personnage qui dit toujours « oui » (ou « non »), un magicien, un chat, une directrice d'école, etc.

Un sentiment obligatoire (qui doit être joué par au moins un des acteurs)

Exemple :
Grande joie, jubilation, crise de fous rires (voir exercice p. 73), *tristesse, dédain, colère, timidité, abattement, fatigue, désespoir, peur, terreur, surprise, dégoût, amour, haine, nervosité, attente, ennui, etc.*

Une action obligatoire (effectuée par un personnage au moins, ou tous selon l'action imposée)

Exemples :
S'évanouir, chanter tous en chœur « Au clair de la lune », *donner/recevoir un coup de téléphone, lire à haute voix un article de journal/une lettre d'amour/une notice d'appareil ménager, se mettre debout sur une chaise, ronfler, courir trois fois autour de la scène, manger un plat très bon/très mauvais, faire des mouvements d'étirements, se cacher, etc.*

Un accessoire obligatoire (un personnage au moins doit s'en servir)

Exemples :
Un parapluie, une montre, une écharpe, un livre, une chaise, un crayon, un journal, un chapeau, un téléphone, etc.

Un mot (ou groupe de mots) obligatoire(s) (prononcé[s] par un des personnages)

Exemples :
Cheminée, télécommande, Istanbul, momie, éléphant, amanite phalloïde, princesse, baignoire, ski, Napoléon, accordéon, fauteuil, crise cardiaque, etc.

Une phrase obligatoire (prononcée par un des personnages)

Exemples :
- *Je déteste les épinards et la crème de marrons.*
- *Maman est partie hier à New York.*
- *Le thé de Chine a un goût incomparable.*
- *Trier ses déchets, c'est utile.*
- *Demain : avis de tempête sur les côtes bretonnes.*
- *Le spectacle commence dans 15 minutes.*
- *L'abus d'alcool est dangereux.*
- *Le prochain retard, c'est 1 euro d'amende !*
- *Etc.*

Un titre obligatoire (reflétant le thème de l'histoire)

Exemples :
- *Mélanie a disparu !*
- *Le secret.*
- *Vacances ratées.*
- *La bonne idée.*
- *Un gros mensonge.*
- *Le nouveau.*
- *Le mystère de la souris rouge.*
- *Le trésor des pirates.*
- *Drôle de fantôme !*
- *Etc.*

Proverbes :
- *Un « tiens » vaut mieux que deux « tu l'auras ».*
- *Il n'y a pas de fumée sans feu.*
- *Après la pluie, le beau temps.*
- *Les bons comptes font les bons amis.*
- *Mieux vaut tard que jamais.*
- *Qui va à la chasse perd sa place.*
- *Etc.*

Un lieu obligatoire (l'animateur précisera si toute l'improvisation doit se passer dans ce lieu unique ou si d'autres lieux sont possibles)

Exemples :
Classe, cuisine, cinéma, salle d'attente de médecin, square, forêt, grenier, grotte, galerie de peinture, château hanté, terrasse de café, asile de fous, magasin de légumes, métro, vaisseau spatial, cirque, rue, etc.

Une forme théâtrale obligatoire (reprenant les exercices déjà effectués en atelier théâtre) qui doit apparaître quelques instants au cours de l'improvisation

Exemples :
- *Arrêt sur image (voir exercice p. 188).*
- *Miroir (voir exercice p. 107).*
- *Ambiance sonore (voir « La forêt tropicale », p. 192).*
- *Moment mimé (voir « Histoire mimée », p. 152).*
- *Dialogue en grommelot (voir exercice p. 116).*
- *Scène au ralenti (voir « Combat au ralenti », p. 113).*
- *Etc.*

Un style obligatoire

Exemples :
Publicité, histoire policière, conte de fées, scène historique, science-fiction, histoire terrifiante, comédie, etc.

Exemple de scénario pour le cycle 2

- Titre obligatoire : *Mélanie a disparu !*
- Mot obligatoire : *princesse.*

Mélanie, 3 ans, fait un caprice : elle veut absolument que son frère Michaël et sa sœur Lina lui relisent La **Princesse** et le Petit Pois. *Mais les trois enfants sont au supermarché pour faire des courses et ce n'est pas vraiment l'endroit idéal pour lire des histoires ! La petite fille, furieuse, échappe à la surveillance de Michaël et de Lina, et disparaît. Les deux enfants sont catastrophés ! Ils cherchent partout leur sœur, sans succès. Finalement, une vendeuse retrouve Mélanie (qui s'était cachée au rayon des jouets) et la ramène... Tout est bien qui finit bien.*

Exemple de scénario pour le cycle 3

- Action obligatoire : *lire à haute voix un article de journal.*
- Forme théâtrale obligatoire : *arrêt sur image (statues).*
- Phrase obligatoire : *« Demain : avis de tempête sur les côtes bretonnes. »*

Hélène est toute contente : sa mère, célèbre navigatrice en solitaire, doit rentrer demain sur la terre ferme après une course autour du monde. Elle décide de préparer, avec ses deux frères, une fête pour son retour. Mais

François, le père, rentre catastrophé, un journal sous le bras. Hélène réussit ***à lire l'article*** *qui a tant inquiété son père :* « Demain : avis de tempête sur les côtes bretonnes. Les services de la météorologie nationale sont en alerte maximum. Tous les bateaux sont invités à rester au port, car les risques de naufrage sont très importants [...]. » *Tous sont très abattus et ne savent quoi faire, car la navigatrice est injoignable et risque de couler avec son bateau en revenant chez elle... Quand, coup de théâtre, celle-ci fait son entrée ! Tous sont saisis de surprise et de joie !* (Arrêt sur image.) *La mère est arrivée avec un jour d'avance et a non seulement évité la tempête, mais battu le record du monde de la course !*

▲ Remarques

Paradoxalement, ces contraintes aident les enfants à inventer une histoire. Elles leur donnent des éléments, des idées ou des associations d'idées sur lesquels ils vont pouvoir bâtir un canevas en commun.
L'histoire doit mettre en scène des événements (comiques, dramatiques, insolites, etc.), des personnages et/ou des comportements qui sortent de l'ordinaire et du quotidien (manger, dormir, aller à l'école, etc.). L'improvisation sera réussie si le public ne s'ennuie pas, si son intérêt est sans arrêt renouvelé.
Les groupes du cycle 3 essaieront de trouver à chaque fois une « chute », une fin qui clôt vraiment l'histoire (en donnant une « morale », un clin d'œil humoristique, etc.).

Petit récapitulatif des règles de l'improvisation préparée

- Même temps de préparation pour tous les groupes.
- Respect des contraintes.
- Dans chaque groupe, proposer des idées/accepter les propositions des autres.
- Pendant chaque saynète les acteurs seront attentifs à :
  – être visibles du public (attention au jeu de dos, dans un coin de la scène, etc.) ;
  – parler fort et articuler ;
  – jouer de façon à bien typer son personnage ;
  – être concentrés (gare aux rires nerveux !).

Quant au public, il doit être respectueux et silencieux (pas question de continuer à préparer « son » impro en chuchotant avec les autres !).
Après chaque prestation, nous conseillons d'instaurer une courte période d'échanges constructifs entre le public et les acteurs (compréhension de l'histoire, sentiments des acteurs sur ce qu'ils ont joué, ce qui a fonctionné, ce qui est à améliorer, etc.).
L'animateur aura à cœur de rester toujours bienveillant et ne lésinera pas sur les encouragements !

▲ Variantes/Prolongements

➠ Autres contraintes possibles :

– Durée limitée de l'improvisation : 1, 2 ou 5 minutes.

– Contrainte langagière : ne parler que sous la forme interrogative, s'exprimer par onomatopées, employer un maximum de mots se rapportant au lieu imposé (pour une cuisine : *casserole, fourchettes, huile, poubelles, etc.*), inventer des mots et les utiliser comme s'ils étaient courants, ne parler qu'en rimant, etc.

➠ En cours de français : écrire une petite scène en commun avec les mêmes contraintes, l'apprendre par cœur puis la jouer en séance théâtrale.

3 acteurs

Cycle 3
Mime
Improvisation

64

HISTOIRE MIMÉE

▲ Déroulement

On constitue des groupes de trois acteurs.
Chaque groupe se concerte pendant quelques minutes afin d'imaginer le scénario d'une histoire qu'il devra mimer et dans laquelle interviendront plus de personnages que d'acteurs (donc au moins quatre personnages pour trois acteurs).
L'animateur pourra imposer préalablement un thème.

Exemples de thèmes :
Chat et souris – Le cahier de Farid – Restaurant à vendre – Le manteau magique – Drôles de vacances! – Madame la présidente est fatiguée – Chasse interdite – Mélanie a disparu – La lettre cachée – Passage secret – Au voleur! – Etc.
Après le temps imparti à la préparation, chaque groupe joue ensuite son histoire devant les autres. L'animateur vérifiera auprès du public que chaque histoire a été comprise de tous.

▲ Remarques

Le mime est un excellent moyen de faire comprendre aux élèves la nécessité de se servir de tout son corps pour s'exprimer : privé de parole, l'acteur est obligé de mettre en valeur tout ce qui peut « faire sens » pour l'expression des sentiments, des actions de son personnage.
Il est important que toutes les consignes soient bien respectées :
– le temps de préparation est le même pour tous;
– les présentations commencées, le silence et l'attention sont obligatoires;
– le thème (s'il y en a un) doit être traité;
– l'histoire est muette et mimée;
– le nombre des personnages doit être supérieur au nombre d'acteurs;
– après chaque passage, le public doit faire des remarques et des suggestions constructives!
La difficulté principale de l'exercice réside dans le fait que la scène mimée doit comporter plus de personnages que d'acteurs (en conséquence, au

moins un acteur jouera deux rôles, sans recourir à la parole). Pour la compréhension de l'histoire, on insistera sur le fait de jouer les rôles de façons différenciées (attitudes, mimiques, façons de se déplacer, etc.). On pourra aussi imaginer d'autres moyens de signaler un personnage différent joué par la même personne (moyen spatial : placement opposé dans l'espace de jeu ; moyen formel : arrêt sur image de l'action en cours, un acteur se détache du groupe pour endosser un autre personnage ; etc.). Tout dépend évidemment de l'histoire imaginée qui doit rester simple : une scène mimée exige plus de simplicité dans la construction qu'une scène parlée (où les personnages peuvent s'expliquer, argumenter, utiliser des concepts, etc.).

On n'oubliera pas de rappeler les exigences élémentaires suivantes :
– tous les acteurs doivent être visibles, donc pas de jeu dos au public (sauf si cela est voulu ou nécessaire à l'histoire) ;
– ne pas jouer en fond de scène ou uniquement sur un côté ;
– veiller à ce que les éléments de jeu (chaises, tables...) soient placés de façon que tous les acteurs, une fois installés, soient visibles.
L'exercice a aussi le mérite de solliciter l'attention du public, puisqu'il lui est demandé d'exprimer ce qu'il a compris de l'histoire jouée par ses camarades. On prendra soin, d'ailleurs, de laisser parler le public avant d'entendre la version des acteurs.

▲ Variantes

➡ Imposer le nombre de personnages devant intervenir dans l'histoire (pour trois acteurs, cinq ou six personnages, voire plus).

➡ Après chaque passage, un autre groupe essaie de reproduire ce qui vient d'être joué. Le premier groupe regarde et prend ainsi conscience des manques, des passages peu clairs, etc.

➡ Chaque groupe joue son histoire en mime, puis la même en version parlée. Le public échange ses impressions quant aux deux versions (expressivité, compréhension, etc.).

▲ Prolongement

Après l'exercice, visionner un court-métrage du temps du muet (Charlie Chaplin), puis :
– essayer d'imiter le jeu des personnages ;
– réfléchir ensemble sur l'engagement corporel du jeu muet : quels sont les gestes employés, les mimiques, les actions ? ;
– analyser la différence entre le cinéma (qui autorise les gros plans, les mouvements de caméra permettant de suivre les acteurs) et le théâtre.

3 acteurs

Cycle 3
Improvisation

65

QUESTION DE POINT DE VUE

▲ Déroulement

Trois enfants sont sur scène, mais ils vont jouer en binômes (le premier avec le deuxième, puis le premier avec le troisième). Le premier acteur parlera d'un sujet précis avec le deuxième acteur, puis parlera du même sujet avec le troisième mais en changeant totalement de point de vue du fait de la personnalité de ce nouvel interlocuteur. Le premier acteur doit tomber d'accord avec ses deux partenaires, qui ont pourtant un point de vue totalement opposé.

Mise en place : le premier personnage A est avec B ; ils discutent tous les deux d'un sujet très précis qui doit être amené le plus naturellement possible *(« T'as vu mon nouveau chapeau... », « Tu sais qu'hier soir... », « Tiens, j'ai rencontré... »)*. Au bout de deux minutes, le troisième personnage C entre dans la pièce, B part (avec une bonne raison) ; A et C doivent reprendre le même sujet de conversation.

Exemples :

• *Florence félicite Nina de sa nouvelle coiffure qui est vraiment superbe, puis Florence critique avec Marie la nouvelle coiffure de Nina.*

• *Yannick est entièrement d'accord avec Virginie : les voitures sont un véritable fléau en ville. Yannick est tout à fait d'accord avec Charles : tous ces écolos qui râlent contre les voitures se croient encore au temps des cavernes.*

• *Léon est tout à fait d'accord avec Pierre-Éric : les jeux télévisés sont de plus en plus idiots. Léon est tout à fait d'accord avec Olivia : l'émission de jeux de la veille à la télévision était vraiment géniale.*

• *Philippe (comédien) discute avec Cédric (comédien) de leur metteur en scène. Cédric est entièrement d'accord avec Philippe : ce metteur en scène est vraiment mauvais. Cédric se retrouve avec le metteur en scène qu'il comble de louanges.*

▲ Remarques

Les acteurs devront trouver à chaque fois un avant-propos plausible et le plus naturel possible quant à l'introduction du sujet dans la conversation.

Le personnage qui change d'avis doit être crédible, qu'il parle à l'un ou à l'autre de ses interlocuteurs.
On demandera aux acteurs qui jouent les hypocrites d'utiliser le maximum d'arguments identiques d'un interlocuteur à l'autre, le ton et l'intention seuls faisant la différence.

Exemple :
Cédric, avec Philippe, critique le fait que le metteur en scène donne beaucoup d'explications de jeu. Cédric, avec le metteur en scène, trouve que tout son talent réside dans le fait qu'il donne beaucoup d'explications de jeu.

▲ Variantes

➠ Même exercice, mais les deux premiers interlocuteurs restent ensemble et changent d'avis quand le troisième arrive.

➠ Même exercice, mais cette fois l'un des personnages change d'avis (ou plutôt de point de vue) parce qu'il s'adresse à des gens tout à fait différents, ou que lui-même n'a pas le même statut (âge, sexe, position sociale, etc.).

Exemples :
- *Acheter une poupée dans un magasin : premier temps, on est un garçon ; deuxième temps, on est une fille ; ou premier temps, on est un adulte ; deuxième temps, on est un enfant.*
- *Acheter une montre : premier temps, on est un personnage très riche ; deuxième temps, on est un enfant qui a cassé sa tirelire pour faire un cadeau à sa grand-mère.*
- *Acheter un ordinateur : premier temps, on est féru d'informatique ; deuxième temps, on n'y connaît rien du tout.*
- *Avouer qu'on n'a pas appris sa leçon : premier temps, à son meilleur ami ; deuxième temps, à la maîtresse.*
- *Demander un service à quelqu'un : premier temps, à son patron ; deuxième temps, à un subalterne.*

3 acteurs

Cycle 3
Improvisation

66

APPARTEMENT À VENDRE

▲ Déroulement

L'espace scénique vide représente un appartement à vendre.
Un enfant jouant le rôle de l'agent immobilier fait visiter cet appartement à deux acheteurs. Il les fait passer de pièce en pièce (sans oublier la cuisine, la salle de bains, les W.-C...) en mimant l'ouverture des portes, l'emplacement des fenêtres et des installations éventuelles, etc. Les acheteurs doivent respecter la disposition générale indiquée par l'agent immobilier tout en jouant leurs rôles (examen attentif des pièces et des équipements, questions, réactions, commentaires, etc.).
On décidera à l'avance si les deux acheteurs se connaissent ou non.

▲ Remarques

Une fois de plus, l'attention et l'écoute sont primordiales dans cette improvisation. Dans un premier temps, l'animateur pourra simplifier l'exercice en indiquant que l'appartement est composé de deux pièces (sans compter cuisine, salle de bains et W.-C.), puis augmenter petit à petit la taille du bien à vendre, suivant l'espace scénique disponible et l'habileté des acteurs.
Les enfants peuvent s'amuser à camper des personnages hauts en couleur : un agent immobilier maladroit, incompétent ou désagréable, des acheteurs enthousiastes, dégoûtés, hautains, etc.
Attention de ne pas trop jouer de dos, le public en sera reconnaissant...

6 acteurs

Cycle 3
Improvisation

67

EN RETARD !

▲ Déroulement

Six enfants sont sollicités pour cet exercice.
L'un d'entre eux se place sur la scène, les autres dans les coulisses.
L'enfant placé sur scène sera le personnage principal qui a quelque chose de très important à faire au-dehors et qui est déjà très en retard (l'espace scénique représente son appartement).
Les autres acteurs jouent des personnages perturbateurs qui, par leurs interventions, vont le retarder encore plus.
On laisse à tous une minute de réflexion pour que chacun trouve son personnage.
Dans un premier temps, le personnage principal est seul en scène et monologue sur la chose importante qu'il doit faire à l'extérieur *(voir exemples 1).*
Il s'apprête à partir quand intervient le premier personnage, qui va le retarder. Quand celui-ci est parti, un deuxième entre à son tour, et ainsi de suite jusqu'au cinquième.
Quand tous les personnages « retardateurs » sont intervenus, l'acteur principal clôt l'exercice en trouvant une fin à l'histoire.

Exemples 1 (la « chose importante à faire ») :
- *Un rendez-vous (chez le dentiste, pour un nouveau boulot, avec son garagiste, avec un amoureux...).*
- *Prendre un train (un avion...) pour partir en vacances, continuer une enquête criminelle, aller voir un spectacle très prisé, etc.*

Exemples 2 (les personnages « retardateurs ») :
- *Un voisin qui vient demander un service.*
- *Un chat abandonné.*
- *La gardienne qui n'est pas contente du comportement du personnage principal (il n'essuie jamais ses pieds sur le paillasson...).*
- *Le coup de fil d'un télévendeur (vantant les mérites d'une cuisine, d'un journal, etc.) ou d'un sondeur.*
- *L'employé EDF chargé de relever les compteurs.*
- *Un vendeur à domicile de reproductions de tableaux.*
- *Un voleur en cavale.*

▲ Remarques

L'effet comique provient de l'accumulation de personnages venant perturber le projet du malheureux retardataire.

La fantaisie est la bienvenue. Néanmoins, chaque situation doit être jouée avec toute la sincérité nécessaire. Chaque personnage doit être très rapidement identifiable, en commençant par le personnage principal qui a tout un monologue pour nous aider à faire sa connaissance. (On doit, par exemple, comprendre s'il s'agit d'un enfant ou d'un adulte : son occupation principale dans la vie, son objectif immédiat, le tout en un minimum de temps.)

Quant à la chute, on peut imaginer que :

- *Décidément, il est trop tard, le retardataire abandonne son projet et reste chez lui.*
- *Il pique une grosse crise de colère, assomme le dernier « perturbateur » et s'enfuit en courant.*
- *Après le dernier « perturbateur » parti, il se réveille : ouf! tout cela n'était qu'un cauchemar... Maintenant, il s'agit vraiment de ne pas être en retard!*
- *Surprise! Le dernier « perturbateur » vient lui porter ce que, justement, il allait chercher à l'extérieur!*
- *Le personnage perd complètement la raison et part en sautillant comme un lapin et en chantant* « God save the queen »...

▲ Variante

On pourra décliner l'exercice pour un petit nombre de participants (à partir de trois), en admettant que chaque élève joue plusieurs rôles.

4 acteurs

Cycle 3
Improvisation

68

TRADUCTION SIMULTANÉE

▲ Déroulement

Quatre enfants sont sur scène. Ils vont jouer la rencontre de deux étrangers qui doivent, pour se comprendre, faire appel à deux interprètes.
Les « étrangers » parlent en grommelot *(voir p. 116)*, les traducteurs traduisent en français au fur et à mesure.
Avant de commencer l'improvisation, les élèves se mettent d'accord sur les différents rôles.

Exemple :
Un joueur de foot et un entraîneur se rencontrent pour décider d'un éventuel transfert du joueur :
– L'entraîneur : *Gre fra bra propomme, grando brolon grigri !*
– Traducteur entraîneur : *Ratapopoplo est très heureux de rencontrer un joueur d'une telle valeur.*
– Traducteur joueur (au joueur de foot) : *Stiboudou, stabouda, stabi dong.*
– Joueur : *Sta stasta, stata. Stong spoun, scinoulle.*
– Traducteur joueur : *Il est content lui aussi, ça fait des années qu'il rêvait de vous rencontrer.*
– Traducteur entraîneur (à l'entraîneur) : *Gro gra gru, frocoti.*
– L'entraîneur : *Grampom prabi broumbroum.*
– Traducteur entraîneur : *Vous savez que la saison des transferts est commencée.*
Et ainsi de suite...

▲ Remarques

Chaque étranger parle une langue différente. On veillera à reproduire le climat d'une conversation en traduction simultanée :
– Le premier étranger dit une ou deux phrases en grommelot.
– L'interprète du premier étranger traduit en français.
– L'interprète du second étranger traduit en grommelot dans la langue de son client.
– Le second étranger répond dans sa langue.

– L'interprète du second étranger traduit en français.
– L'interprète du premier étranger traduit en grommelot dans la langue de son client.
– Et ainsi de suite...
Les traducteurs devront être à l'écoute des propositions et des sentiments exprimés par leurs partenaires pour « inventer verbalement » leurs dialogues.
Les deux étrangers veilleront à suivre leur intention de départ, et pourront faire quelques gestes explicatifs.

Pistes :
• *Deux personnages politiques se rencontrent pour décider d'un traité (armement, coopération économique, etc.) et ne sont pas du tout d'accord.*
• *Un comédien et un metteur en scène se rencontrent pour un éventuel tournage bilingue.*
• *Un homme d'affaires rencontre un fournisseur au sujet d'une livraison de marchandises.*
• *Un richissime collectionneur américain veut acquérir la pendule Louis XV d'un châtelain autrichien.*

CINQUIÈME PARTIE

ENSEMBLE

Tous **Cycle 2/Cycle 3**
Mise en route

69

FAIRE CONNAISSANCE

▲ Déroulement

Il n'est pas toujours évident en début d'année de connaître les prénoms des uns et des autres. Voici plusieurs petits exercices qui permettront à tous de se découvrir plus rapidement. Il est conseillé à l'animateur de participer à ces exercices : ses élèves ont autant envie et besoin de le connaître que lui.

Bonjour... et vous ?

Dans un espace délimité, les participants se promènent sans se parler. Au top du meneur de jeu, ils se placent par groupes de deux et se présentent mutuellement en se disant *: « Bonjour, je m'appelle... et vous ? »* À chaque top du meneur de jeu, les participants rejoignent une nouvelle personne.

La balle aux mots

Tout le monde est en cercle, l'animateur lance une balle ou un petit objet. L'enfant qui le reçoit doit se présenter et donner quelques informations du genre : *« Je m'appelle Chloé, je suis en classe de CM2, j'ai une grande sœur, et mon hamster s'appelle Sunday. »* Ensuite, il relance le ballon ou l'objet à un autre enfant, et ainsi de suite.

Les entretiens

Sous la forme d'une émission de télévision, les participants se présentent en groupe de deux. Un premier joue le rôle de l'animateur. Il pose des questions au second, l'invité. Après un certain temps, on change les rôles.

La fiche signalétique

(Pour les plus grands.) On remet à tout le monde une feuille à remplir avec des questions comme : *« Quel est ton animal préféré ? ton passe-temps préféré ? De quoi as-tu le plus peur ? Quel métier voudrais-tu faire quand tu seras grand ? Cite un plat que tu aimes beaucoup, un plat que tu détestes. Manges-tu à la cantine ? »* Lorsque les participants ont répondu, l'animateur ramasse les feuilles, les mélange et les redistribue au hasard. À tour de rôle, chaque participant lit la feuille qu'il a entre les mains et on essaie de trouver à qui elle est.

Le vrai pour le faux

Un enfant vient sur scène. Il déclare trois affirmations, dont deux sont vraies et une est fausse *(exemple : « Mon deuxième prénom est Radegonde ; je sais manger avec des baguettes ; je déteste le chocolat »)*. En lui posant des questions, les autres essaient de deviner quelle affirmation est fausse.

Le cercle

Basé sur le principe de l'exercice « 1... 2... 3... » *(voir p. 168)*, les élèves assis en cercle doivent annoncer leur prénom à tour de rôle, mais en essayant de ne pas parler en même temps.

Roi et reine en rimes

Tout le monde est en cercle. Un premier enfant (ou l'animateur) se nomme, puis ajoute à son prénom *« le roi (ou la reine) des... »* avec une rime de son prénom. Le suivant répète le prénom et la rime du premier, puis se nomme et ajoute une rime.

Exemple :
Le premier dit : « Éliot le roi des bottes. » La deuxième reprend : « Éliot le roi des bottes » puis ajoute : « Christelle, la reine des bretzels. » La troisième continue : « Éliot le roi des bottes, Christelle la reine des bretzels » puis ajoute : « Fanny la reine des fourmis », et ainsi de suite.

Tous

Cycle 2/Cycle 3
Concentration

70

LES ENSEMBLES

▲ Déroulement

Les élèves marchent dans la salle. Au signal de l'animateur, ils doivent, en silence et le plus calmement possible, se mettre en ligne ou se regrouper selon la consigne donnée par l'animateur.

Se mettre en ligne :
- *Du plus grand au plus petit.*
- *Par ordre alphabétique croissant des prénoms.*

Se rassembler en plusieurs groupes :
- *Tous ceux qui ont quelque chose de rouge sur eux et les autres.*
- *D'un côté ceux qui ont les yeux bleus, de l'autre les yeux marron.*
- *Ceux qui ont un cartable à roulettes et les autres.*
- *Ceux qui ont des frères, ceux qui ont des sœurs, ceux qui ont les deux, les enfants uniques.*
- *Ceux qui aiment le poisson, ceux qui ne l'aiment pas.*
- *Tous les prénoms qui ont une, deux et plusieurs syllabes ou tous les prénoms composés et tous les prénoms simples.*

▲ Remarques

On insistera sur le fait que les enfants doivent petit à petit réussir cet exercice sans hésitation ni flottement. On interdira les : *« Hé! T'es pas dans ce groupe-là »,* et autres remarques, les enfants devant impérativement garder le silence. Celui qui en voit un autre se tromper doit le lui faire comprendre uniquement par le regard.
On pourra conclure l'exercice par *« ceux qui veulent changer d'exercice, ceux qui ne veulent pas »,* et suivant le résultat on le refait une fois ou on arrête.
On pourra aussi, en cours d'année, terminer en demandant : *« ceux qui savent leur texte, ceux qui ne le savent pas »* – petit clin d'œil qui motive les enfants à revenir à la prochaine séance en ayant appris leur texte.

▲ Variantes

➠ Le meneur est un enfant et, au moment où il l'a décidé, il va se placer sur un côté, en annonçant à haute et intelligible voix la consigne à laquelle il doit lui-même pouvoir répondre.
Exemple : « Avec moi, tous ceux qui ont des chaussettes jaunes ! »

➠ On définit une phrase simple, puis on attribue à chaque enfant une lettre contenue dans cette phrase (virgules, points et apostrophes compris).
Les élèves se mélangent en marchant sur scène et, au top de l'animateur, tous doivent se placer en ligne pour écrire la phrase.
Pour les plus jeunes, on divisera le groupe en petits groupes pour ne former que des mots très simples.

➠ Même exercice, mais, au deuxième top de l'animateur, ils doivent, quand c'est leur tour d'intervenir dans l'écriture de la phrase, se baisser, annoncer leur lettre, puis se relever, à la manière des touches d'un clavier d'ordinateur.

Tous

Cycle 2/Cycle 3
Concentration
Diction

71

BROUILLAMINI

▲ Déroulement

Les élèves sont divisés en deux groupes, sur deux lignes face à face, les plus éloignées possible. Chacun a son vis-à-vis comme partenaire.
Chaque binôme doit engager une discussion et la suivre, mais tout le monde parle en même temps.
À la fin de l'exercice, on demande à chacun s'il a réellement compris ce que voulait lui dire son partenaire. Suivant le résultat (bon, moyen ou catastrophique), on recommence en recommandant cette fois-ci aux participants de ne pas crier. Il ne s'agit pas de couvrir la voix des autres, mais de vouloir se faire comprendre.

▲ Remarques

Très vite, les élèves comprendront que l'essentiel n'est pas de parler plus fort que les autres, mais d'articuler pour se faire comprendre et de rester concentré sur son partenaire.

▲ Variante

On fait sortir un élève. L'animateur annonce au reste de la classe le code (un mot, une phrase ou une liste de chiffres) que l'élève sorti va devoir deviner. Ce code sera dit par un autre élève, l'« émetteur » ; les autres enfants joueront les perturbateurs en « brouillant » (dans la limite des décibels autorisés, bien évidemment) le message émis.
Quand l'élève revient dans la salle, le groupe se met face à lui, le plus loin possible, et l'exercice commence.
On peut décider si l'élève isolé connaîtra à l'avance celui qui sera l'« émetteur » ou compliquer le jeu en le laissant dans l'ignorance.

Tous **Cycle 2/Cycle 3**
Mise en route

72

1... 2... 3...

▲ Déroulement

Les enfants sont assis en cercle et doivent compter l'un après l'autre sans qu'aucun ordre quelconque de prise de parole n'ait été déterminé à l'avance. Dès que deux ou plusieurs participants annoncent ensemble le même chiffre, on doit recommencer à zéro.

Exemple :
- *Bintou : 1.*
- *Kevin : 2.*
- *Pauline et Astrid (ensemble) : 3.*

Il faut recommencer puisque deux enfants ont parlé en même temps.

▲ Remarques

Basé sur la cohésion du groupe, l'écoute des autres et la concentration, cet exercice demande à chacun d'oser intervenir tout en sachant que, s'il parle en même temps qu'un autre, il faut tout recommencer. Les premières fois, il est normal que le groupe n'aille pas plus loin que « 4 » ou « 5 ». On pourra tenter d'essayer d'améliorer le score d'une séance à l'autre.
Avec les plus jeunes enfants, qui adorent relever ce défi, il est parfois prudent de bien préciser, avant de démarrer, le nombre de fois où l'on pourra recommencer l'exercice.
Attention aux petits futés qui, consciemment ou non, instaurent des codes : on va de diagonale en diagonale, on parle chacun à son tour dans le sens des aiguilles d'une montre, etc.

▲ Prolongements

➠ Même principe, mais, cette fois-ci, les participants sont debout en ligne, face au public. Celui qui annonce un chiffre devra en même temps avancer d'un pas puis revenir à sa place avant que le suivant ne puisse intervenir. Si deux personnes avancent ou parlent en même temps, il faut recommencer à zéro.
On demande aux participants de rajouter une émotion ou un état chaque fois qu'ils interviennent.

Exemple :
- *Jérémy (très inquiet) : 1.*
- *Nadia (frigorifiée) : 2.*
- *Léon (essoufflé) : 3.*
- *Etc.*

➠ Même principe sans parole : tous les élèves sont en ligne, ils doivent s'asseoir l'un après l'autre sans ordre préétabli. Il ne peut y avoir qu'un enfant assis à la fois.

➠ (Pour les plus grands.) La classe est divisée en deux, les deux groupes sont en coulisses, un groupe côté cour et l'autre côté jardin (les deux groupes ne se voient pas) ; un enfant à la fois de chaque groupe doit entrer sur scène, soit d'un côté ou de l'autre. Pour cet exercice, on devra cette fois-ci déterminer un code.

Exemples :
- *Un léger tapotement du pied de la part de celui qui va partir côté jardin (pour que ceux du groupe cour n'envoient personne).*
- *On désigne un « agent métronome » dans chaque groupe qui va, par exemple, pour le groupe jardin envoyer son acteur tous les cinq temps et pour le groupe cour tous les huit temps.*

L'agent métronome cour envoie un acteur au cinquième temps ; l'agent métronome jardin envoie un acteur au huitième temps ; puis l'agent métronome cour envoie deux acteurs au dixième temps ; l'agent métronome jardin envoie deux acteurs au seizième ; et ainsi de suite. Au quarantième temps, s'il reste des enfants en coulisses, ils doivent venir sur scène.
(Une fois sur scène, les enfants restent en image fixe tant que tout le monde n'est pas entré.)

On pourra se resservir de cet exercice pour régler certaines entrées en scène lors d'une représentation ou pour régler les saluts.

Tous

Cycle 2/Cycle 3
Mise en route
Expression corporelle

73

RÉACTIONS EN CHAÎNE

▲ Déroulement

Les enfants sont en ligne sur scène. Ils vont devoir réagir en cascade à un mouvement donné. On commencera par des exercices très simples avant d'aborder les plus théâtralisés.

Exemples :

- *Le premier tourne la tête vers le deuxième, qui tourne la tête vers le troisième, et ainsi de suite.*
- *Le secret : le premier chuchote quelque chose à l'oreille de son voisin puis se remet face public ; le deuxième chuchote à l'oreille du troisième ; et ainsi de suite... Le temps du chuchotement doit être précisé (compter jusqu'à 3, par exemple).*
- *La gifle passante : le premier fait mine de donner une tape au deuxième, qui tape dans ses mains au même moment (bruitage de la fausse gifle) ; puis le deuxième fait de même avec le troisième ; et ainsi de suite.*
- *À la manière du jeu des dominos : le premier se penche légèrement vers le deuxième qui, à son tour, se penche légèrement vers le troisième, et ainsi de suite ; on peut faire revenir le mouvement en arrière pour remettre tout le monde d'aplomb.*
- *À la manière du capitaine Haddock : le premier mime le fait d'avoir un bout de papier collant au bout d'un doigt, il secoue sa main pour s'en débarrasser ; c'est le deuxième qui récupère le papier collant, il secoue à son tour la main pour s'en débarrasser ; c'est le troisième qui le récupère ; et ainsi de suite.*
- *Le lancer de sort : un élève est en face des autres ; dès qu'il pointe son doigt vers le groupe, il lance un sort qui paralyse, fait tomber, ramollit...*

▲ Remarques

Même pour les exercices les plus simples, il est important de toujours trouver une situation dramatique qui rendra plus attractif l'exercice, motivant ainsi les enfants à le réussir en respectant les temps et les enchaînements.

Tous

Cycle 2/Cycle 3
Expression corporelle
Mise en route

74

LA VAGUE

▲ Déroulement

Tous les élèves sont en ligne. Ils vont, au rythme donné par l'animateur, former une grande vague.
Quand l'animateur dit « 1 », le premier de la ligne doit se baisser comme pour un salut (et rester baissé) ; quand l'animateur dit « 2 », c'est au deuxième d'exécuter le mouvement ; et ainsi de suite jusqu'à ce que tous les enfants soient baissés. Quand l'animateur arrive au dernier (par exemple, le « 15 »), celui-ci se baisse, puis l'animateur remonte la vague à l'envers ; il redit « 15 » pour que le numéro 15 se relève, et ainsi de suite jusqu'au premier.
On recommence plusieurs fois l'exercice mais en changeant parfois de rythme (rapide, lent, saccadé...).

▲ Remarques

Discipline, concentration et écoute sont les maîtres mots de cet exercice. Il est utile de le recommencer plusieurs fois afin d'aider les enfants à améliorer leur temps de concentration. En effet, il n'est pas rare de voir des enfants qui oublient, par exemple, de se relever ! L'animateur essaiera aussi de casser le rythme afin de surprendre les jeunes acteurs pour qu'ils restent vigilants.
On insistera également sur le côté esthétique de la vague, en demandant aux enfants d'essayer de réaliser une véritable image théâtrale et non un mouvement mécanique.

▲ Prolongement

On attribue un numéro à chacun, puis au bout d'un temps l'animateur ne dit plus les numéros dans l'ordre. Les enfants qui se sont trompés plus d'une fois sont éliminés, les autres gardent leur numéro fixé au départ.

Tous **Cycle 2/Cycle 3**
Mise en route
Mime

75

L'ÉCHO GESTUEL

▲ Déroulement

Tous les enfants sont debout, en rond.
Un premier élève exécute un geste simple qu'il répète deux fois.
Le groupe reproduit fidèlement le geste qu'il répète aussi deux fois.
C'est ensuite à l'enfant situé à la droite du premier élève de proposer un autre geste (exécuté trois fois) qui sera repris par les autres participants.
On procède ainsi avec tout le groupe.

Exemples de gestes :
- *Lever le bras et le baisser.*
- *Taper dans les mains.*
- *Faire un pas de côté et revenir à sa place.*
- *Etc.*

▲ Remarques

C'est un exercice d'attention et de rigueur où chacun doit trouver rapidement un geste simple et où le groupe doit s'efforcer d'être synchrone dans la reproduction du mouvement proposé.
On veillera à ce qu'il n'y ait pas de temps mort (on conseillera aux enfants de ne pas « réfléchir », mais de « laisser aller », d'être disponibles au jeu).

▲ Variantes

➠ *Idem* avec des rythmes (frappements de mains, de pieds, etc.), des phrases exprimant un sentiment chaque fois différent, des jeux sur le chuchotement, le cri, etc., à l'aide de mots ou d'onomatopées.

➠ Chaque enfant doit s'inspirer du mouvement précédent et le transformer pour en proposer un nouveau.

Exemples :
- *Emma lève le bras et touche le sommet de son crâne avec sa main.*
- *Amélie tape sur sa tête avec sa main trois fois.*
- *Etc.*

On laissera à chaque enfant le temps d'installer son mouvement avant la reprise du groupe.

Tous

Cycle 2
Mise en route
Concentration

76

CHACUN SA LETTRE

▲ Déroulement

Les enfants sont en ligne face au public. À chaque enfant est attribuée une lettre. Quand l'animateur annonce une lettre, l'enfant correspondant s'accroupit ; quand la lettre est redite, l'enfant se relève.

Exemple (avec trois enfants) :
Charline a le « A », Farid le « B » et Hélène le « C ».

- *L'animateur annonce « le A » : Charline s'accroupit.*
- *L'animateur annonce « le C » : Hélène s'accroupit.*
- *L'animateur annonce « le B » : Farid s'accroupit.*
- *L'animateur annonce « le A » : Charline se relève.*
- *Etc.*

▲ Remarques

Ce petit jeu de mise en route demande aux enfants de suivre des consignes simples (mais rapides) et donc de rester concentrés le temps de l'exercice. L'animateur prendra soin de solliciter les enfants de façon égale et de ne pas « oublier » un participant trop longtemps !
Bon exercice de début de séance : il permet de mobiliser toute la classe sur une durée réduite.

▲ Variantes

➠ Au lieu de s'accroupir, demander aux enfants de :
– se retourner ;
– lever les bras ;
– prendre une pose exprimant un sentiment (joie, colère, tristesse, dégoût, timidité, surprise, peur, etc.) ;
– puis revenir à une position neutre quand leur lettre est répétée.

➠ Un enfant, en dehors du groupe, prend le rôle de l'animateur pour lancer les lettres.

➠ Changer les numéros en lettres, en mots, sons, onomatopées...

Tous

Cycle 2/Cycle 3
Mise en route
Langage

77

DANS UNE CUISINE, IL Y A...

▲ Déroulement

Une dizaine d'enfants sont sur scène en ligne face au public.
Tour à tour, chaque enfant s'avance d'un pas vers le public et cite un objet se trouvant couramment dans une cuisine, puis il retourne à sa place.
L'animateur établira préalablement un ordre d'intervention (l'un après l'autre, par exemple) ou laissera les enfants libres d'intervenir selon leur inspiration. Dans le second cas, il précisera qu'il ne doit pas y avoir « télescopage » entre eux.
Chaque enfant a le droit à un nombre défini d'interventions.

▲ Conseils

Facile à comprendre et à mettre en œuvre, l'exercice permet de faire travailler un groupe d'enfants sur la visualisation intérieure d'un espace défini. On demandera aux enfants de respecter les consignes de déplacement, d'écoute et de parler fort. Même quand un participant ne parle pas, il doit rester concentré et présent.
D'autres thèmes sont évidemment envisageables :
Une salle de bains, un théâtre, un café, une salle de classe, une gare, une papeterie, une rue, une piscine, etc.

▲ Variantes

➠ Même principe en fonctionnant par thèmes.

Exemples :
Fruits, légumes, vêtements, moyens de locomotion, meubles, couleurs, instruments de musique, plantes, animaux, sentiments, etc.

➠ Même principe, mais les enfants nomment des objets, des personnages et des actions pouvant se trouver dans : une histoire policière, un conte de fées, un récit fantastique, un roman de chevalerie, une histoire se passant en Italie, aux États-Unis, en Chine, etc.

Tous

Cycle 3
Mise en route
Concentration

78

GLOUP ! GLOUP !

▲ Déroulement

Tous les enfants sont assis en cercle.
Au signal de l'animateur, le premier enfant annonce le chiffre « 1 », le deuxième le « 2 », et ainsi de suite. Mais quand un enfant tombe sur le « 6 », un multiple de 6 ou un nombre contenant le chiffre 6, il doit lever les bras en l'air, les agiter et dire *« Gloup ! gloup ! »* à la place du nombre en question.
Si un enfant se trompe, il est éliminé.

▲ Remarques

Cet exercice de concentration et d'écoute permet de démarrer une séance dans le calme ou de reconcentrer un groupe dissipé.
L'animateur pourra :
– décider du nombre qu'il faudra atteindre *(exemple : aller jusqu'à 52)* ;
– choisir de faire un certain nombre de tours *(exemple : trois tours, chaque enfant intervenant trois fois)*.
On pourra aussi s'amuser à changer le sens initial en cours d'exercice *(exemple : démarrer dans le sens des aiguilles d'une montre, puis inverser à tel nombre ou au signal de l'animateur)*.

▲ Variantes

Pour tester la concentration :

➠ Changer le chiffre « *Gloup ! gloup !* » après trois tours (5, 7, etc.).

➠ Changer le mot *« Gloup ! gloup ! »* en un autre *: Tif-tif, Astéroïde, Mousse à raser, Saint-Pétersbourg, etc.*

➠ Changer le mouvement associé : au lieu de lever les bras en l'air et les agiter, faire un pied de nez, mimer des lunettes avec ses mains, taper dans ses mains deux fois, etc.

➠ On pourra imaginer une mise en place différente : debout en ligne, tous en marchant (avec un ordre d'intervention défini à l'avance), etc.

Tous

Cycle 2/Cycle 3
Mise en route
Concentration

79

LE COURANT PASSE

▲ Déroulement

Les enfants et l'animateur sont debout en cercle et se tiennent la main en silence.
Au signal de l'animateur, le premier enfant presse la main de son voisin de droite. Celui-ci, dès qu'il a senti cette pression, presse immédiatement la main de son propre voisin de droite; et ainsi de suite jusqu'à ce que le courant soit passé par tous les enfants et revienne à l'« envoyeur » (le premier enfant).
Une fois l'exercice bien assimilé, on essaie d'aller de plus en plus vite.

▲ Remarques

Très bon exercice de démarrage d'atelier, il mobilise l'attention et le silence de tous. Il demande aux enfants de maîtriser et de reproduire un mouvement simple qui prend sa place dans une action collective.

▲ Variantes

On pourra augmenter la difficulté en :

➠ changeant le sens du passage du courant (sens des aiguilles d'une montre ou inversement), en repartant du premier enfant à chaque changement ou en cours de cycle;

➠ rajoutant une consigne : au top de l'animateur, l'enfant qui vient de recevoir le courant lâche la main de ses voisins et doit tourner sur lui-même en disant : *« Le courant a passé! »,* puis reprend sa place dans le cercle; le passage du courant doit reprendre, mais dans l'autre sens;

➠ lançant deux impulsions, chacune en sens contraire...

Tous **Cycle 2**
L'état, les sentiments

80

COLÈRE QUOTIDIENNE

▲ Déroulement

Les enfants sont répartis en deux lignes (A et B) se faisant face. Nous sommes dans un pays où les colères s'expriment à l'aide des jours de la semaine.
– Au top de l'animateur, les enfants de la ligne A lancent leur premier cri de guerre à la ligne B : « *Lundi!* »
– Puis le groupe B rétorque : « *Mardi!* »
– Et ainsi de suite.

▲ Remarques

Très simple, cet exercice permet aux enfants de mobiliser leur énergie et de pouvoir rester très concentrés sur leur état. Les jours de la semaine doivent être « envoyés » à chaque top de l'animateur, puis peu à peu sans invite du professeur.
On refait l'exercice plusieurs fois, puis on le complique petit à petit.

▲ Prolongements

➠ Les élèves sont assis. Ils doivent se mettre debout pour parler, puis se rasseoir ensuite.

➠ Un seul élève par ligne parle à la fois : le premier enfant de la ligne A lance : « *Lundi!* », le premier enfant de la ligne B : « *Mardi!* », le deuxième enfant de la ligne A : « *Mercredi!* », le deuxième de la ligne B : « *Jeudi!* », et ainsi de suite. Quand la semaine est finie, on recommence au début.

➠ Les deux lignes sont éloignées, le plus possible; chaque groupe fait un pas en avant, avant chaque « cri de guerre ». On arrête quand les deux lignes sont trop proches.

➠ Un seul élève à la fois parle et s'avance d'un pas.

Tous

Cycle 2/Cycle 3
Mise en route
Concentration

81

LES SIGNAUX

▲ Déroulement

Les enfants déambulent sur scène sans rien jouer de particulier. Ils doivent occuper tout le plateau et s'efforcer de changer de direction régulièrement.
L'animateur lance trois signaux différents, chaque signal déclenchant une action que les enfants exécutent.
– Premier signal : *« Bravo ! »*
– Action : les élèves doivent s'arrêter, se tourner face au public et, enthousiastes, applaudir à tout rompre comme s'ils assistaient à une représentation particulièrement réussie.
– Deuxième signal : *« Aïe ! »*
– Action : tout le monde est pris d'une douleur aiguë et localisée dans un endroit précis du corps (jambe, tête, bras, fesse, etc.).
– Troisième signal : *« Ohé ! »*
– Action : les enfants se regroupent au centre de la scène et appellent quelqu'un en faisant de grands gestes afin d'attirer son attention.
Les enfants ont le droit de s'exprimer oralement pendant les actions, mais uniquement par interjections, onomatopées ou mots isolés (pas de phrase).

Exemples :
• Premier signal : *« Ouais ! Génial ! Super ! »*
• Deuxième signal : *« Ouille ! Oh là là ! Ooooh ! »*
• Troisième signal : *« Hou hou ! Monsieur ! Ici ! »*

Entre chaque action, les élèves reprennent une marche neutre.
Pendant l'exercice, l'animateur alterne les signaux (pas forcément dans le même sens qu'indiqué).

▲ Remarques

Ce jeu d'écoute et d'attention exige de tous disponibilité, réactivité et engagement. Chaque action doit être pleinement jouée avec une grande sincérité.
L'exercice apprend à réagir rapidement sur un mot, un son : situation théâtrale que les jeunes acteurs retrouveront dans des improvisations plus élaborées.

Les consignes de placement dans l'espace doivent être scrupuleusement respectées. Les retours systématiques à la marche neutre entre chaque signal sont très importants : ils permettent de « calmer le jeu » entre chaque nouvelle action.
Le professeur pourra évidemment proposer d'autres signaux et entraîner les enfants à jouer d'autres états (peur, timidité, dédain, etc.) et/ou d'autres actions collectives.
Dans un premier temps, le professeur choisira des signaux rappelant le thème de l'action demandée (*« Aïe ! »* fait penser à la douleur, *« Ohé ! »* à un cri d'appel, etc.), mais il pourra, par la suite, imposer des signaux n'ayant rien à voir avec ce qui doit être joué.

Exemples :
• *Signal : « Radio ! » → Action : tous marchent comme si le sol était brûlant.*
• *Signal : « Hop ! » → Action : tous s'allongent et font mine de dormir. Etc.*

▲ Variante/Prolongement

On constitue des groupes de sept à dix acteurs, dont un meneur. Les groupes se concertent pour mettre au point trois signaux et trois « réponses » différents. Chaque groupe présente son travail devant les autres, le meneur lançant les signaux tout en participant aux mouvements d'ensemble.
Dans un deuxième temps, on mélange sur scène les différents groupes, chaque enfant suivant son meneur. Le but étant de rester concentré sur les signaux de son groupe tout en étant mélangé au reste des enfants.

Tous

Cycle 2/Cycle 3
Mise en route
L'état, les sentiments

82

MARCHES CONTRASTÉES

▲ Déroulement

Tous les enfants sont sur scène (chacun jouant pour soi).
Au top de l'animateur, ils marchent dans l'espace scénique comme s'ils étaient très pressés et craignaient d'arriver en retard à un rendez-vous.
Au deuxième top, ils adoptent une marche très décontractée, comme s'ils se promenaient et avaient tout leur temps.
Au troisième top, ils reprennent la première marche.
Etc.

▲ Remarques

Bon exercice de mise en route qui permet de faire comprendre à l'enfant les différents rythmes de déplacement selon l'intention jouée.
L'animateur rappellera que, dans cet exercice, chacun joue pour soi et donc ne joue rien de particulier avec les autres (et *a fortiori* ne bavarde pas).
Attention aussi :
– aux télescopages dans la marche rapide (une consigne d'évitement est à conseiller) ;
– aux marches en rond qui s'installent très souvent à l'insu de tous et rappellent les promenades de prisonniers (on demandera régulièrement de changer de direction) !

▲ Variantes

Autres marches contrastées :

➠ Enfant/personne âgée.

➠ En pleine forme/fatigué (ou malade).

➠ Joyeux/triste.

➠ Sous une grosse pluie/sous un beau soleil.

➠ Dans sa ville/dans une ville étrangère.

➠ Sûr de soi/terrifié.

Tous

Cycle 3
L'état, les sentiments
Improvisation

83

RÉACTIONS DE GROUPE

▲ Déroulement

Les enfants déambulent sur l'aire de jeu sans rien jouer de particulier.
Chaque enfant doit, tour à tour, déclencher un événement qui va faire réagir tout le groupe.
Seul l'enfant « déclencheur » a le droit de parler, le reste des acteurs devant jouer la scène en silence.
Entre chaque scène, les acteurs reprennent leur marche neutre.

Exemple :
Un enfant tombe par terre et se tient la jambe en grimaçant de douleur.
Léa – *Aïe ! J'ai mal ! Je ne peux plus bouger !*
Les autres enfants s'arrêtent ; certains s'avancent vers la blessée, pour lui venir en aide.
D'autres regardent la scène, ébahis, en riant, voyeurs, etc.
Léa – *Vous pouvez m'aider, s'il vous plaît !*
Un enfant essaie de la soulever, etc.

Autres exemples d'événements déclencheurs annoncés par un personnage :
- *Un rat traverse la route.*
- *Averse de grêle.*
- *Vol d'un sac.*
- *Le bus a 30 minutes de retard.*
- *Quel beau feu d'artifice !*
- *Etc.*

▲ Remarques

Chaque situation est jouée rapidement (quelques dizaines de secondes), le but étant que tous soient à l'écoute de la proposition de l'acteur parlant et jouent physiquement, sans l'aide de la parole, la situation proposée.
L'accent doit être mis sur le regard, les expressions, les déplacements qui font « sens », etc.
La difficulté est, pour chacun, de trouver rapidement un événement déclencheur suffisamment fort pour faire réagir le groupe.

L'animateur pourra indiquer par un claquement de mains, ou un autre signal, que la scène d'ensemble est trop longue et qu'il est temps de revenir à la marche neutre.

Mais, à terme, quand l'exercice sera bien assimilé, le groupe devra être capable de s'« autoréguler », sans l'intervention de l'adulte.

▲ Prolongement

Chaque acteur lance une phrase en réaction à l'événement. *(Voir exercice « Toiles de maîtres », p. 197.)*

Tous

Cycle 2/Cycle 3
Concentration

84

REGARDE-MOI

▲ Déroulement

En silence, les enfants marchent sur scène sans rien jouer de particulier. Au top de l'animateur, chacun doit s'arrêter pour entrer en contact avec son voisin le plus proche en :
– se rapprochant de lui ;
– le regardant dans les yeux pendant environ 10 secondes.
Au deuxième top, les couples se séparent et tout le monde reprend la marche neutre, jusqu'au prochain top marquant le signal d'une nouvelle rencontre.
L'animateur précisera qu'il doit y avoir changement de partenaire à chaque fois.

▲ Remarques

Apprendre à regarder son partenaire est primordial au théâtre. C'est ce qui permet d'entrer en contact avec l'autre : son personnage, ses émotions, ses propositions de jeu. C'est le premier pas vers l'échange, fondement même du travail de l'acteur.
Dans ce travail apparemment très simple sont mis en jeu :
– la concentration (et notamment maîtriser un rire nerveux !) ;
– l'acceptation de l'autre (on ne choisit pas son partenaire) ;
– le dépassement d'une certaine pudeur (10 secondes, les yeux dans les yeux, cela peut parfois paraître très long !).
L'adulte sera exigeant quant au respect du silence et n'hésitera pas à faire reprendre l'exercice s'il estime que les enfants n'ont pas atteint une concentration suffisante.

Tous

Cycle 2/Cycle 3
Expression corporelle

85

LE FILIN

▲ Déroulement

Tous les enfants sont sur scène, en file indienne. Au top de l'animateur, ils vont *ensemble* tirer sur un filin imaginaire, suivant différents rythmes donnés par l'animateur.

▲ Remarques

Cet exercice, où la notion de réussite collective est plus importante que la réussite personnelle, offre aux enfants la joie de s'unir dans un même geste pour un même but.
Les élèves doivent impérativement suivre le rythme donné (rapide, lent, saccadé, doux...). L'animateur prendra à cœur de motiver le groupe en « dramatisant » l'histoire.

Exemples :
- *Au bout du filin, un filet de pêcheur qui contient les poissons qui vont nourrir tout le village.*
- *Il y a un trésor au bout du filin, si on le tire sans à-coups et dans le bon rythme.*
- *Au bout du filin, un drapeau qui s'élève dans le ciel.*
- *Au bout du filin, la vie de quelqu'un que l'on sauve.*

Suivant le travail des enfants, l'animateur peut annoncer que l'opération a réussi ou que le filin a craqué. Dans le deuxième cas, il explique ce qui ne fonctionnait pas *(« Certains n'ont pas réellement participé à l'action, le rythme n'était pas respecté, les enfants n'étaient pas suffisamment en ligne, des gestes inutiles ont perturbé l'opération », etc.)*. Puis les jeunes haleurs recommencent jusqu'à ce que le groupe réussisse à s'unir en rythme et sans gestes parasites.

Tous

Cycle 3
L'état, les sentiments

86

PLUS ! PLUS ! PLUS !

▲ Déroulement

Tous les enfants sont en cercle, l'un d'eux se place au milieu. Il joue un sentiment (un état) très fort (froid, chaud, peur, joie, tristesse, etc.), tandis que les autres l'encouragent de la voix à aller plus loin dans le jeu, en lui disant : « Plus, plus ! plus ! » Quand l'animateur estime que l'émotion est à son summum, il demande à un autre enfant de prendre sa place.

▲ Remarques

Cet exercice est très utile pour souder un groupe : tous les participants ne s'occupent que d'un acteur à la fois et tous sont obligés de passer. C'est aussi un très bon moyen pour retrouver une énergie positive et oublier les tensions extérieures.
À noter que les élèves ont souvent plus de mal à « pousser » leurs camarades qu'à être celui qu'on motive. Aussi l'animateur se mettra-t-il dans le cercle avec les enfants pour lancer les premiers encouragements et déclencher l'exercice.
On peut choisir de n'avoir que « Plus, plus ! plus ! » à dire ou d'encourager autrement le camarade en lui lançant des raisons d'avoir plus peur, plus froid, etc.

▲ Variante

Viva !

Même configuration que précédemment, mais cette fois-ci celui qui va au centre va être applaudi et acclamé.
L'animateur ou un autre enfant annonce une merveilleuse nouvelle à l'élève qui laisse éclater sa joie, tandis que les autres l'applaudissent à tout rompre.
Les élèves peuvent eux-mêmes demander la bonne nouvelle qu'ils désirent entendre ou, s'ils n'ont pas d'idée, l'animateur tâchera de trouver la situation qui est le plus près des envies de chacun (un 20/20 en orthographe, une victoire sportive, l'arrivée d'une personne chère, etc.).

Ensemble

Cycle 3
Mise en route
Expression corporelle

87

LA MACHINE INFERNALE

▲ Déroulement

Un enfant se place sur scène face au public et exécute un mouvement simple qu'il répète jusqu'à la fin de l'exercice (par exemple : il lève le bras gauche sur le côté et le rabat sur sa cuisse).

Un deuxième enfant se place à proximité et propose un autre mouvement qui va s'inscrire en complément ou en contrepoint de celui du premier élève (par exemple : l'élève 2 se place à la gauche de l'élève 1, lève le bras droit au-dessus de sa tête et le baisse quand le bras gauche de son camarade est vers le sol); et ainsi de suite jusqu'au dernier participant.

Quand la machine est « complète », le professeur demande d'accélérer, puis de ralentir l'ensemble, qui doit toujours être synchrone.

Il est conseillé de fonctionner, pour commencer, par groupes de cinq à dix enfants.

▲ Remarques

Bon exercice de groupe qui demande à chacun de se servir des mouvements des autres pour ajouter le sien. Ce travail permet de développer l'invention de chacun en respectant la cohésion du groupe.

Les participants ont la liberté de se placer n'importe où dans la machine, et pas obligatoirement à côté du dernier arrivant. Seule contrainte : que tous restent visibles du public !

Attention : la rapidité d'intervention est requise pour chaque nouvel « élève-rouage » de la machine afin d'éviter de laisser s'enliser l'exercice !

On pourra, par la suite, demander aux enfants de rajouter un bruitage (onomatopée, mot, cri, etc.) à leurs mouvements. La fantaisie est la bienvenue !

Ensemble

Cycle 3
Voix
Improvisation

88

LA MANIFESTATION

▲ Déroulement

Les enfants sont regroupés au milieu du plateau, face au public.
Sans préparation ni concertation, chaque enfant lance un slogan de manifestation, repris trois fois par le groupe entier. Les slogans doivent s'enchaîner sans temps mort.
L'animateur pourra proposer un thème de départ pour aider les élèves.

Exemples de thèmes :
Les animaux, la propreté, l'école, la pollution, la nourriture, les transports, le logement, les loisirs, etc.

▲ Remarques

L'exercice consiste à trouver des slogans différents et percutants résumant une revendication. La teneur des messages peut être réaliste ou totalement fantaisiste.

Exemples :
Avec le thème des loisirs :

- *Nous voulons un ciné pour les enfants !*
- *Des sous, des sous, des sous pour des piscines !*
- *Un téléphone portable, dans tous les cartables !*
- *M. le Président, on veut des toboggans !*
- *Une piste de roller dans toutes les écoles !*
- *Etc.*

Le slogan doit être lancé puis repris avec force et conviction. Le rythme du message doit être « carré », répétitif, simple. C'est cette scansion martelée de la phrase qui entraînera le reste du groupe à reprendre en chœur.
Les messages peuvent aussi être rimés, ce qui leur donne un côté ritournelle, facile à mémoriser.
Ce travail a l'avantage de mobiliser un grand groupe d'élèves sur une courte durée.

Tous

Cycle 2/Cycle 3
Expression corporelle

89

ARRÊT SUR IMAGE

▲ Déroulement

Tous les enfants marchent de façon neutre sur toute la scène, en occupant tout l'espace. Au top de l'animateur, ils s'arrêtent en image fixe (immobiles) en suivant la consigne.
Puis les enfants reprennent leur marche neutre jusqu'à la prochaine demande de l'animateur.

Exemples :
- *À mon top, image fixe : « Je porte un bébé dans mes bras. »*
- *Au top, image fixe : « Je porte un objet très lourd. »*
- *Au top, image fixe : « Je ramasse quelque chose. »*
- *Au top, image fixe : « Je donne. »*

▲ Remarques

Veiller à ce que le corps entier soit mobilisé, le corps mais aussi le visage et le regard. L'immobilité complète de chacun doit être obtenue.
L'animateur pourra inciter les élèves à prendre des attitudes très fortes, en les motivant de la voix *(« Mais ce n'est pas assez lourd ce que vous portez ; tout le monde se remet en marche et, à mon top, vous portez des objets vraiment lourds ! »).* Ne pas hésiter à faire recommencer plusieurs fois la même consigne, en demandant, à chaque fois, d'amplifier l'intention.

▲ Variantes

Les tableaux vivants

Basé sur le principe des statues (ou images arrêtées), les élèves vont venir un à un se placer sur scène pour composer un tableau vivant. Un élève vient sur scène et choisit une position forte et expressive, un deuxième vient se placer en complément (ou opposition), puis un troisième, et ainsi de suite. On demandera à chacun d'essayer de vraiment créer un ensemble où chaque statue est en relation avec les autres.
Attention : les premiers participants doivent prendre des postures simples et stables car ils doivent rester en image fixe jusqu'à la fin du tableau ! On

peut laisser les élèves composer un tableau en ne s'appuyant que sur les propositions des premiers participants ou déterminer un thème.

Pistes :
- *Autour du sapin de Noël.*
- *Tout le monde a eu zéro au contrôle de dictée.*
- *Il y a quelque chose de bizarre dans le ciel.*
- *La cour de récré.*
- *Les spectateurs d'un film d'horreur.*
- *Un concert de rock.*
- *La queue au cinéma.*
- *Un titre de film ou de livre.*
- *Du bruit derrière la porte.*
- *Maman ne veut pas que j'aille chez mon ami(e).*

Histoires en photos

– On divise la classe en trois : chaque groupe a 5 à 10 minutes pour mettre au point une histoire en une série de cinq photos (images fixes). Chaque groupe peut faire intervenir le nombre de participants de son choix pour chacune des photos.
Quand les élèves sont prêts, chaque groupe présente son roman-photo aux autres.
– Même principe, mais les trois groupes doivent raconter la même histoire connue de tous et imposée par l'animateur.

Exemples : un conte, une publicité à la mode, la bande-annonce d'un film récent, etc.

– Même principe, mais, quand le premier groupe a terminé, le deuxième groupe doit reproduire l'histoire du premier en essayant de rester le plus fidèle possible. À chaque photo, les jeunes comédiens du premier groupe peuvent corriger par gestes l'acteur qui joue leur rôle et uniquement celui-ci.

Ensemble ; un par un

Cycle 2/Cycle 3
Mise en route
Langage

90

HISTOIRE EN COULEURS

▲ Déroulement

Les enfants et l'animateur sont assis en cercle.
Le premier enfant commence une histoire qu'il invente au fur et à mesure et dans laquelle est citée une couleur (caractérisant un élément ou faisant partie d'une expression).
Au top de l'animateur, l'enfant s'interrompt et son voisin de droite prend la parole en continuant l'histoire. Il doit, lui aussi, intégrer à son récit une couleur (si possible différente de celle déjà citée).
Au top, c'est le troisième enfant qui enchaîne ; et ainsi de suite jusqu'au dernier qui doit trouver une conclusion, une « chute » à l'histoire commune.
L'animateur pourra lancer le début de l'histoire s'il sent que cela est nécessaire.

Débuts possibles :
• *Audrey a perdu le joli pull que lui avait offert sa grand-mère. Elle va tout faire pour le retrouver.*
• *Baron, un chien de la campagne normande, est retrouvé errant et affamé dans un grand magasin parisien. Que lui est-il arrivé ?*
• *Mme Martin reçoit son neveu de Cahors. Elle ne le voit pas souvent et ne sait toujours pas quel est son métier.*
• *Il se passe de drôles de choses dans le grenier de l'école : tous les jours à 18 heures, on y entend des bruits de pas...*

▲ Remarques

Avant de commencer, l'animateur insistera sur l'écoute du groupe qui doit être constante pour respecter la cohérence du récit, pour prendre en compte tel ou tel caractère d'un personnage, telle péripétie et faire avancer l'histoire sans se contredire.
On demandera aux enfants d'essayer d'inventer une histoire avec du suspense, de l'action, ceci afin de sortir de la simple relation de faits quotidiens sans intérêt (par exemple : *« Il est allé au marché, puis il est rentré chez lui. Il a mangé puis s'est couché pour dormir... »*).

On pourra faire avant ou après l'exercice un inventaire des couleurs (des plus simples aux plus imagées) et de leurs associations possibles.

Exemples :
• *Couleurs : orange, jaune, noir, bleu, rouge, mordoré, turquoise, vert pomme, aile de corbeau, etc.*
• *Associations : un film en noir et blanc, un personnage rouge de colère (ou vert de peur), la fièvre jaune, le vin blanc, les Peaux-Rouges, etc.*

▲ Variantes

Même principe avec :

➠ des chiffres et des nombres ;

➠ des noms de villes françaises ;

➠ des aliments ;

➠ des vêtements ;

➠ des disciplines sportives ;

➠ des moyens de locomotion ;

➠ etc.

Ensemble

Cycle 3
Voix
Improvisation

91

LA FORÊT TROPICALE

▲ Déroulement

Sept enfants sont répartis en fond de scène, dos au public.
Chacun d'entre eux imite le bruit d'un animal, d'un insecte, d'un élément climatique (vent, pluie), etc., afin que l'ensemble donne une ambiance sonore de forêt tropicale.

Exemples de bruits :
Un insecte type criquet, un singe, une grenouille, un oiseau siffleur, un oiseau type pivert, le vent, une mouche, un serpent, etc.

Quand l'ambiance sonore est bien installée, les autres enfants passent, l'un après l'autre, sur la scène en jouant des touristes égarés dans une forêt. Chacun aura une réaction différente selon son personnage : amusement, crainte, terreur, insouciance, etc.
Une fois tous les touristes passés, on échange les rôles : les touristes deviennent bruiteurs, et inversement.

▲ Remarques

Chaque enfant du groupe « bruitages » propose au moins un bruit précis et facilement identifiable, le tout composant un ensemble homogène, où tous les bruits seront repérables et où personne ne doit « prendre la vedette » (bruiter trop fort et de façon ininterrompue, par exemple). C'est donc aussi un exercice d'écoute. Les modulations, les changements de rythme seront encouragés (on pourra, par exemple, entendre les cris d'un singe s'éloignant, puis les chants des insectes qui prennent le relais, etc.). Les élèves peuvent utiliser leur voix ou des bruitages corporels (tapotements, frottements, etc.), mais l'ensemble ne doit pas être tonitruant. On n'hésitera pas à faire reprendre le groupe « bruitages » plusieurs fois, si nécessaire.
Les autres enfants jouant les touristes égarés doivent avec un court passage faire exister leurs personnages et jouer avec l'ambiance sonore donnée (par exemple : s'arrêter pour écouter, sursauter quand un bruit les surprend, etc.). L'animateur pourra demander de composer des personnages bien typés et autorisera la parole, si besoin est.

Exemples :
Un bébé marchant à quatre pattes, une dame très snob, un vieux monsieur, la guide affolée, un homme d'affaires très désagréable, les parents épuisés à la recherche de leur bébé, une dame qui s'enthousiasme de tout ce qu'elle voit (et entend), un adolescent poursuivi par un animal féroce, etc.

Dans le cadre de la séance d'expression théâtrale, la vraisemblance écologique ne sera pas obligatoirement recherchée, mais rien n'interdit au professeur de proposer des recherches, en cours de géographie ou en SVT, sur les animaux, les événements climatiques, etc., d'une forêt tropicale réelle.

▲ Variantes

On pourra imaginer d'autres ambiances sonores :

➠ *Une rue encombrée d'une grande ville (klaxons, chiens, ronronnements des moteurs, sifflets de policiers, oiseaux, pétarades de motos, cris, etc.).*

➠ *Un château hanté (vent, portes qui grincent, coup de tonnerre, pluie, chouette, miaulements de chat, ricanements, craquements, etc.).*

➠ *Une usine avec des machines diverses (onomatopées, sifflements, frappements de pieds, etc.).*

➠ *Un endroit non réaliste : de science-fiction, onirique, poétique, etc.*

▲ Prolongements

Inventer et jouer une histoire qui intègre une scène nécessitant une ambiance sonore :

➠ *Des touristes se sont égarés dans la forêt du royaume de Pataltoche. Après différentes mésaventures, ils se retrouvent tous dans le repère de dangereux contrebandiers...*

➠ *Sacha et ses copains sont en vacances en Bretagne. Ce soir, ils ont décidé d'aller explorer le château de Louzgellec, fermé depuis des années et sur lequel plane un terrible mystère...*

➠ *Asphodèle s'est endormie dans sa chambre, mais se réveille brusquement au milieu d'une drôle de pièce, avec des meubles transparents. Des bruits bizarres et effrayants se font entendre...*

Ensemble

Cycle 2/Cycle 3
L'état, les sentiments

92

LE DÉSERT

▲ Déroulement

Tous les enfants sont sur scène, assis, allongés ou debout.
Ils jouent un groupe de touristes égarés dans le désert, et n'ayant pas bu depuis plusieurs heures. Assoiffés et désespérés, quelques mots leur échappent de temps en temps.
Quand tout à coup l'un d'entre eux aperçoit un petit point à l'horizon (situé loin derrière les spectateurs, de façon que la scène se joue face au public).
Tous se regroupent, l'espoir renaissant car ce qu'ils voient est peut-être une chance de salut (voiture, groupe de secouristes, etc.). Ils réunissent leurs forces pour attirer l'attention sur eux, en criant, en faisant de grands gestes, etc.
Les secours arrivent ou non, suivant les péripéties de l'improvisation.

▲ Remarques

Avec cette courte improvisation, les élèves doivent jouer très rapidement une situation extrême. Le professeur indiquera que les jeunes acteurs doivent s'efforcer de ressentir vraiment la soif, de jouer de l'intérieur pour être le plus crédible possible. (Il n'est pas rare qu'à l'issue de cet exercice les élèves réclament à boire, ce qui est un bon signe !)
Quand l'espoir renaît à la vision de ce qui est peut-être du secours, les personnages ne sont pas pour autant en pleine possession de leurs moyens physiques. Ils sont toujours assoiffés, affaiblis, et ne peuvent donc pas sautiller joyeusement comme si de rien n'était ! Leurs gestes sont probablement plus lents, plus difficiles ; ils ont du mal à se mettre debout, se soutiennent les uns les autres, etc.
Ce travail réunit un grand groupe d'élèves sur une courte durée. Il peut tout à fait clore une séance.

Ensemble **Cycle 3**
Improvisation

93

LE METTEUR EN SCÈNE

▲ Déroulement

L'exercice nécessite :
– deux élèves qui vont jouer la situation de départ;
– un enfant jouant le rôle du « metteur en scène » ;
– de trois à six acteurs placés en coulisses qui interviendront au fur et à mesure, l'ordre de leurs passages étant préalablement établi.

Sur l'espace scénique, deux enfants jouent deux clients qui se disputent dans un magasin.

Un troisième enfant (le « metteur en scène »), placé sur le côté, annonce à haute voix la venue d'un nouveau personnage qui doit intervenir dans la scène en cours. Le premier enfant placé en coulisses doit immédiatement endosser le rôle que le « metteur en scène » vient de lui attribuer et entrer en scène pour jouer avec les deux acteurs qui ont continué leur dispute.

Après un petit temps de jeu entre les trois personnages, le « metteur en scène » annonce un quatrième personnage qui, à son tour, doit s'insérer dans le scénario en cours.

Et ainsi de suite jusqu'au dernier acteur disponible en coulisses, qui devra participer à la « chute » de l'histoire.

Exemples de personnages annoncés par le « metteur en scène » :
La directrice du magasin, une championne de tennis, une vieille dame qui perd un peu la tête, un policier, un pêcheur à la ligne furieux, une touriste japonaise, etc.

Le « metteur en scène » a toute liberté pour imposer les personnages de son choix, même (et surtout !) s'ils paraissent de prime abord incongrus dans la scène jouée.

L'improvisation n'étant pas préparée, aucune concertation préalable entre les enfants n'est autorisée.

▲ Remarques

On aura pris soin de préciser clairement l'ordre de passage des acteurs *avant* le début de l'exercice, afin d'éviter les cafouillages en coulisses. En effet, le cadre de cette improvisation oblige les élèves à accepter le rôle qu'on leur impose et donc à jouer un personnage qu'ils n'auraient peut-être pas eu l'idée de choisir.

Le « metteur en scène » a une double mission :

– inventer rapidement des personnages (et tant mieux s'ils sortent de l'ordinaire) ;

– sentir quand il peut (quand il doit) les faire entrer dans le jeu.

Il est souhaitable qu'il évite de lancer des personnages « en rafales », car ceux-ci n'auront pas le temps de jouer quoi que ce soit. À l'inverse, s'il prend trop de temps, la scène risque de s'enliser...

Quant aux acteurs, ils sont bien sûr obligés d'accepter leurs rôles, mais ont toute latitude pour l'interprétation. Leurs entrées (et éventuellement leurs sorties) doivent être motivées par une action de leurs personnages : attention aux entrées « à vide » (sans motifs particuliers, non justifiées...) !

Ils doivent apporter quelque chose à la situation en cours ou proposer une autre action parallèle.

Exemple :

Les deux clients se disputent car l'un d'entre eux s'est emparé d'un article en solde que l'autre guignait.

Le « metteur en scène » annonce : « Une vieille dame qui perd un peu la tête. »

• *Première version (apporter quelque chose à la situation en cours) : la vieille dame entre très vite en marmonnant sur scène et, brutalement, s'empare de l'objet de la dispute. Les deux clients sont furieux ; la vieille dame, toujours en marmonnant des mots incompréhensibles, ne veut pas lâcher l'article...*

• *Seconde version (proposer une autre action parallèle) : la vieille dame entre très lentement sur scène ; elle a du mal à marcher. Tout à coup, elle vacille car elle est sur le point de s'évanouir. Les deux clients s'interrompent et se précipitent pour l'aider...*

(D'autres versions sont évidemment possibles.)

Le professeur demandera aux acteurs déjà en scène qu'ils soient à l'écoute des propositions des nouveaux personnages.

Chaque personnage peut évidemment sortir de scène au moment où il le juge bon. Tous ne sont pas obligés de rester jusqu'au bout.

Ensemble

Cycle 3
Improvisation

94

TOILES DE MAÎTRES

▲ Déroulement

L'espace représente une galerie de peinture.
Les enfants sont dispersés sur la scène et regardent des tableaux imaginaires « accrochés » aux murs. Ils ont des réactions, mais modérément exprimées (moues, sourires, etc.).
Tout à coup, l'un d'entre eux se poste en avant-scène jardin, face au public, et tombe en extase devant une toile. Il dit une phrase exprimant son admiration.
À ce signal, les autres promeneurs se regroupent autour de lui, attirés par sa remarque.
Tous sont immédiatement sous le charme de cette œuvre et doivent, chacun leur tour (et en enchaînant les répliques), dire une phrase exprimant leur sentiment quant à l'œuvre magnifique qu'ils contemplent. Chaque phrase devant être différente.

Exemple :
Tous les enfants regardent les tableaux, puis le petit Romain se rapproche de la toile côté jardin ; son visage est illuminé.
Romain : *« Quel tableau magnifique ! »*
Les autres, entendant Romain, s'approchent rapidement de lui et l'entourent. Tous regardent fascinés le tableau en question. Les répliques fusent :
« Je n'ai jamais rien vu d'aussi beau !
– Ce rouge, ce bleu, ça me donne des frissons !
– Je me sens bien tout à coup, j'ai l'impression d'être en vacances...
– Oh ! Que j'aimerais pouvoir peindre comme ça !
– Regardez ! On dirait qu'il y a une lumière qui vient de l'intérieur !
– Quel est le nom du peintre ? Je veux tout voir de lui ! »
– Etc.

Une fois que tous les enfants sont intervenus, tous se dispersent en continuant de jouer, mais en revenant à des réactions plus en demi-teintes. Puis un enfant (différent de la partie 1) aperçoit en avant-scène cour un tableau hideux. Il se place devant lui et dit une phrase exprimant son rejet.
Le groupe rejoint cet enfant, chacun devant cette fois-ci exprimer son mécontentement devant ce tableau que tous trouvent très laid.

Exemples :

- *C'est repoussant cette laideur !*
- *Ces taches rouges et bleues, c'est monstrueux...*
- *On ne devrait pas avoir le droit d'exposer un truc aussi moche !*
- *Quel est le nom du peintre ? Je ne veux plus rien voir de lui !*
- *Je veux rentrer chez moi, je vais prendre une aspirine.*
- *Etc.*

▲ Remarques

Il est important que les deux expressions soient jouées très sincèrement : les acteurs comprendront vite que c'est ainsi qu'ils trouveront leur texte, en s'imprégnant du sentiment à jouer.

La mise en place du groupe doit être soignée : une fois en place, pas de piétinements ou de déplacements inutiles. Tous ont le regard fixé sur le tableau (« situé » derrière les spectateurs) avec une expression forte qui dure jusqu'à ce que le groupe se sépare (les petits signes de connivence entre les personnages sont acceptés s'ils restent limités). Sans ordre de passage préalable, les phrases doivent s'enchaîner sans « télescopage ».

Pour aller plus loin, on pourra faire reprendre l'exercice plusieurs fois (chacun gardant ses phrases) pour affiner l'ensemble : rythme, expressivité, etc, le but étant alors de créer une petite forme théâtrale pouvant s'intégrer dans un vrai spectacle.

▲ Variante

Avec le même principe :

L'aire de jeu représente la rue. Un passant s'arrête car il a vu une scène tragique : accident, malheur d'un personnage, etc. Le groupe s'approche et réagit en conséquence.

Dans la seconde partie de l'improvisation, un autre passant se détache et assiste, hilare, à un événement comique (animal insolite, clowns, etc.).

L'animateur aura le choix d'indiquer précisément le sujet de la scène ou laissera libres les enfants de le concevoir ensemble, au fil des répliques.

Ensemble ; deux par deux

Cycle 3
Improvisation

95

LA RONDE

▲ Déroulement

L'animateur indique aux enfants le lieu où va se dérouler l'improvisation *(voir exemples plus bas),* puis un enfant, jouant un personnage, se place sur la scène :

– Entrée de l'enfant 2 (qui joue un autre personnage).
– L'enfant 1 joue une petite scène avec l'enfant 2.
– L'enfant 1 sort. Entrée de l'enfant 3.
– Petite scène entre l'enfant 2 et l'enfant 3.
– L'enfant 2 sort. Entrée de l'enfant 4.
– Petite scène entre l'enfant 3 et l'enfant 4.

Et ainsi de suite jusqu'au dernier enfant qui joue une petite scène avec l'enfant 1, clôturant ainsi « la ronde ».

Chaque enfant joue un seul personnage. Chaque entrée et sortie doit être motivée.

Exemples de lieux :
Devant une mairie, dans le hall d'un hôtel, dans un square, sur un quai de gare, devant une cabine téléphonique, dans une galerie de peinture, devant les boîtes aux lettres d'un immeuble, etc.

Exemples de personnages (avec pour lieu la galerie de peinture) :
Un client dédaigneux, l'hôtesse, le peintre exposant, le plombier venu réparer la chasse d'eau des W.-C., un jeune homme timide ayant rendez-vous avec sa fiancée, un peintre concurrent et jaloux, un journaliste pressé, un maladroit livreur de pizzas, un vieux monsieur égaré, un huissier venant réclamer de l'argent, un client enthousiaste mais fauché, une députée invitée pour un vernissage, etc.

▲ Remarques

L'animateur établira un ordre de passage avant le début de l'exercice ou laissera la liberté aux enfants d'intervenir selon leurs désirs (chaque enfant souhaitant passer lève le doigt et l'animateur désigne celui qui sera le prochain acteur, par exemple). Un peu délicat à expliquer, l'exercice est en fait très simple. Il est inspiré de la célèbre pièce d'Arthur Schnitzler

La Ronde, construite sur ce principe de scènes à deux, chaque acteur jouant avec deux partenaires différents. Une des difficultés est de justifier l'entrée et la sortie de son personnage : il faut éviter l'entrée « à vide » et la sortie plate.

Exemples (en reprenant l'exemple du plombier de la galerie de peinture) :
L'ouvrier peut entrer sur scène...
• *Très animé en parlant à un collègue par téléphone portable.*
• *Concentré en suivant des conduites d'eau imaginaires faisant le tour de la pièce (il peut se parler à lui-même).*
• *En ronchonnant et en bousculant l'autre personnage en scène.*
Il peut sortir car...
• *Il est midi pile ; c'est l'heure du déjeuner, il s'en va au café du coin.*
• *Il reçoit un coup de fil de son patron qui l'envoie sur un chantier urgent.*
• *Il part à la recherche de la directrice de la galerie, qu'il n'a pas encore réussi à rencontrer.*
• *Il abandonne le chantier, furieux, car il s'est disputé avec l'autre personnage.*

Autre point important : les personnages (dans la plupart des cas) ne se connaissent pas. Ils ne sont pas obligés d'engager une conversation fournie dès qu'ils se voient. Tout dépend de leurs caractérisations et de leurs motivations (il ne s'agit pas d'interdire la parole, mais de faire prendre conscience aux enfants que des inconnus ne se parlent pas comme des amis de longue date). Le jeu passe aussi par les regards, les mimiques, les silences...
On insistera sur le fait que les personnages doivent être très caractérisés (voix, manière de se déplacer, de bouger, etc.) et qu'en entrant chaque acteur doit *proposer* quelque chose (action contrastant avec ce qui vient de se passer, événement insolite, personnage surprenant, etc.), et ne pas être en attente, ne pas être passif au niveau du jeu.
Si on le souhaite, on pourra limiter le temps de chaque scène, cette improvisation pouvant être assez longue suivant le nombre et l'inspiration des acteurs.
L'exercice plaît beaucoup aux enfants qui peuvent laisser libre cours à leur fantaisie en matière d'invention de personnages.

Groupes

Cycle 3
Improvisation

96

RECONSTITUTION

▲ Déroulement

Après avoir écouté une courte histoire où plusieurs personnages se trouvent confrontés à un même événement, les jeunes acteurs se rassemblent en deux groupes pour rejouer cet événement selon un point de vue particulier.
Dans un premier temps, l'animateur expose l'histoire qui va être jouée.

Exemple :
Une fillette, en trottinette, et sa maman se promènent dans la rue. Comme la fillette est en trottinette, elle va un peu plus vite que sa mère et prend une légère avance.
Devant la boutique de fleurs, une femme arrête la maman pour lui demander un renseignement (chemin, heure, arrêt de bus le plus proche...). Le temps de la courte discussion, la petite fille a pris beaucoup d'avance ; voyant cela, elle fait demi-tour pour revenir vers sa maman.
Au moment où elle rejoint les deux femmes (devant la vitrine du fleuriste), un homme, marchant à grands pas et en pleine conversation téléphonique sur un portable, arrive en face d'elle. La fillette et l'homme au portable se télescopent assez violemment. La fillette, emportée par le choc, glisse avec sa trottinette et tombe dans les parterres de présentation qui ornent le trottoir du fleuriste ; elle écrase deux ou trois jeunes rosiers. Le portable de l'homme vole sur la chaussée ; une voiture arrive, le portable est pulvérisé. L'homme hurle de colère. La fillette, elle, a les deux genoux écorchés.
Sa maman et la dame qui demandait un renseignement l'aident à se relever tandis que le fleuriste sort de sa boutique en courant pour constater le massacre de ses fleurs et cherche à savoir qui est la cause de ce désastre. Le conducteur de la voiture qui a écrasé le portable gare sa voiture et ne sait que faire. L'homme l'accuse, le conducteur estime qu'il n'y est pour rien. Tout le monde se met à crier. Un attroupement se forme.

Il est très important que tous les détails soient clairement précisés (heure, endroit, position des protagonistes, bruits, phrases dites, etc.). Chaque groupe choisit son option *(par exemple : un groupe pense que la fillette allait trop vite en trottinette et que c'est de sa faute ; un autre estime que c'est l'homme au portable qui est en tort).*

Au sein de chaque équipe, les enfants se choisissent un personnage *(dans notre exemple : la fillette, la mère, la dame qui demande un renseignement, l'homme au portable, le fleuriste, le conducteur)*. Suivant le nombre d'enfants dans le groupe, on rajoute des rôles annexes *(exemple : un autre piéton, un commerçant voisin, un petit garçon qui promenait son chien, la concierge de l'immeuble qui balayait le trottoir, un clochard qui traînait par là et un agent de police)*. Ces personnages secondaires interviendront au fil de l'histoire ou pour aider à la conclure.

Chaque groupe a quelques minutes pour mettre son scénario au point suivant son option choisie. Quand tout le monde est prêt, les deux groupes jouent, l'un après l'autre, leur version de l'histoire.

On insistera bien sur le parti pris de chaque groupe qui devra être très clair dans chaque saynète. Suivant le niveau de la classe, on pourra imposer des éléments très précis : des phrases, des positions, des réactions.

Les personnages secondaires sont eux aussi importants et peuvent donner un éclairage nouveau sur ce qui s'est passé. L'animateur insistera sur l'importance des détails de la reconstitution, le but de chaque groupe étant de rendre sa thèse la plus crédible possible *(exemple : si la concierge de l'immeuble voisin affirme que la petite fille en trottinette a failli la bousculer avant de télescoper l'homme au portable, sa faute apparaît plus envisageable, etc.)*.

On n'hésitera pas à rejouer plusieurs fois les saynètes afin de les enrichir au fur et à mesure.

▲ Remarques

Si le nombre d'enfants n'est pas suffisant pour former deux grands groupes, on peut soit faire jouer par les mêmes enfants les mêmes rôles mais suivant les deux optiques différentes, soit quelques acteurs jouent dans les deux groupes, soit tous les enfants jouent dans les deux groupes mais changent de rôle.

Cet exercice et son prolongement *(voir « Le tribunal », page suivante)* peuvent se dérouler sur deux ou trois séances de suite et, après réécriture des improvisations, déboucher sur un spectacle interactif.

Tous

Cycle 3
Improvisation

97

LE TRIBUNAL

▲ Déroulement

À partir d'un même événement, chaque élève choisit un rôle et va donner sa version des faits.
Comme pour l'exercice précédent, on choisit une histoire relatant un incident précis où les témoignages s'opposent. Deux versions seront exposées. Chaque élève choisit le personnage qu'il va jouer et dans quel « camp » il se range. Pour reprendre l'exemple donné dans *« Reconstitution » (voir p. 201),* il y aura ceux qui accusent le monsieur au portable et ceux qui portent les torts sur la petite fille.
On prépare le « tribunal », en installant des chaises en arc de cercle, face public : d'un côté se placeront les partisans de l'accusation, de l'autre les partisans de la défense ; au centre, on place les témoins qui n'ont pas vraiment de parti pris. L'animateur est au centre, face à tous ; il sera le médiateur.
Puis chaque personnage se lève, tour à tour, pour venir au centre du tribunal donner sa version des faits et expliquer son point de vue.

Dans notre exemple :
- *La mère accuse le monsieur au portable.*
- *Le monsieur au portable accuse la petite fille et veut que le conducteur de la voiture lui rembourse son portable.*
- *Le fleuriste veut que la maman paie les rosiers cassés.*
- *La fillette affirme qu'elle n'allait pas trop vite.*
- *Un passant, qui déteste les enfants, explique que tous les jours il y a un problème avec ces « sales gamins et leurs trottinettes ».*
- *Le petit garçon qui promenait son chien affirme que la voiture roulait très vite et n'a pas pu freiner pour éviter le portable.*
- *Un commerçant grincheux explique que le fleuriste prend trop de place sur le trottoir et que « tout ça, c'est de sa faute ».*
- *Une femme qui n'a rien vu ou presque mais qui adore parler.*

On veillera à recréer une véritable ambiance de tribunal, avec des personnages qui sont tout d'un coup scandalisés de ce qui vient d'être dit, qui s'interpellent entre deux dépositions (ou même pendant), des murmures, des soupirs de mécontentement, etc.

Si la scène de départ doit être très précise et réaliste, les personnages peuvent, lors de leurs témoignages, altérer la vérité, se tromper, oublier (volontairement ou non) certains détails, inventer, extrapoler, etc. Bref, chaque acteur devra défendre la position de son personnage et la mauvaise foi est tout à fait permise.

On veillera aussi à ce que chaque récit soit différent d'un personnage à l'autre :

– dans la forme (un enfant ne raconte pas comme un adulte) ;

– dans le fond (l'agent de police va, lui, par exemple, essayer de remettre tous les éléments dans l'ordre chronologique à la manière d'un rapport de police) ;

– en fonction de la personnalité (une femme exubérante ne parle pas comme un vieux ronchon) ;

– en fonction de ce qu'il a vu (la maman qui parlait avec la dame n'a peut-être pas vraiment vu ce qui se passait) ;

– et bien évidemment en fonction de la thèse qu'il défend ou de ce qu'il attend de ce tribunal (le fleuriste va insister sur les dégâts de ses rosiers).

Après avoir retravaillé sur les improvisations (réécriture des dépositions et des interventions « hors déposition », mise en scène), cet exercice peut déboucher sur un spectacle à la fin duquel le public votera pour décider qui a raison et qui a tort. Après le vote, les jeunes acteurs jouent la version exacte (fillette ou monsieur au portable coupables) et le public sait enfin la vérité et peut voir s'il s'est laissé berner par les différents personnages ou non.

▲ Variantes

Raconter toujours ce même récit, mais à des personnages différents et dans des occasions différentes :

➠ *La fillette raconte l'événement à sa meilleure amie pour dire combien elle a eu peur.*

➠ *La fillette raconte l'événement à la maîtresse pour essayer de se faire pardonner de ne pas avoir appris ses leçons.*

➠ *Le conducteur raconte l'événement à ses collègues de bureau.*

➠ *Un témoin qui déteste les gens accrochés à leur portable raconte l'histoire à sa femme.*

SIXIÈME PARTIE

VERS LA REPRÉSENTATION

▲ Le choix de la pièce

Il n'y a pas de règles pour choisir une pièce de théâtre à faire jouer aux enfants, trop de critères entrent en jeu, mais on peut noter quelques principes élémentaires :

• L'idéal est, bien évidemment, que chaque enfant de l'atelier ait un rôle à sa mesure.
• Les répliques ne doivent pas être trop longues, (2 ou 3 lignes en général) avec très peu de longues tirades.
• Les jeunes acteurs doivent être le plus souvent possible tous présents sur scène.
• Le spectacle ne doit pas dépasser 40 minutes (20 à 40 minutes en moyenne).
• Le thème doit être proche de l'univers des enfants. On choisira une pièce avec une véritable action dramatique, c'est-à-dire une situation de départ, des péripéties et une situation d'arrivée.
• Attention aussi aux moyens demandés par la pièce (décors, costumes), qui doivent être simples et légers, même si le professeur d'arts plastiques est prêt à vous aider. Évitez les décors trop lourds ou difficiles à symboliser.

▲ Le texte

Vous pouvez :

• prendre une pièce déjà écrite, mais les textes qui mettent en scène 15, 20 ou 30 enfants sont rares ;
• écrire une pièce avec les enfants : elle aura le mérite d'être adaptée à votre classe, mais cela nécessite un travail de longue haleine pour un résultat aléatoire ;
• travailler sur un montage de textes, réunis autour d'un thème défini en cours d'année ;
• travailler sur une adaptation de conte ou de bande dessinée ;
• travailler à partir d'improvisations réécrites tous ensemble ou par le professeur.

Attention : il y a des textes qui « fonctionnent » à la lecture mais qui se prêtent mal à la mise en scène. Avant de vous décider, essayez d'imaginer comment vous pourriez mettre en scène ce texte. Se méfier des textes trop bavards, l'action dans le sens dramatique du terme doit primer.

Nous vous conseillons de partir sur l'idée du montage de textes, qui offre une plus grande souplesse et permet de donner un rôle à tous les enfants.

▲ La distribution

Qu'est-ce qu'une distribution équilibrée ? Pas forcément une répartition de rôles de longueur à peu près équivalente, mais une distribution qui permet aux enfants de trouver leur véritable place au sein du spectacle. Il y a des

élèves qui préfèrent vraiment les « petits rôles », parce qu'ils ont peur d'avoir trop de texte à apprendre ou ne se sentent pas prêts à affronter une trop grande responsabilité. Attention aussi à ceux qui rechignent à jouer certains personnages. C'est au cours de l'année que le professeur pourra se faire une idée quant aux disponibilités de ses élèves, « récompenser » le travail fait durant les exercices et répondre aux désirs des enfants. De toute façon, quoi que vous fassiez, il y aura toujours des déçus (« *Mado, elle a plus de choses à dire que moi !* »), mais si le groupe est bien soudé, les enfants comprendront que la réussite du spectacle dépend de tous, petits ou grands rôles.
Après lecture de la pièce, le professeur fait un tour de piste pour savoir quels rôles les enfants désirent. Il donne son avis, conseille en fonction des aptitudes de ses élèves. Si deux enfants veulent absolument le même rôle, on peut demander à la classe de voter, mais en cas de problème c'est le professeur qui décide. Les enfants se révèlent parfois sous un jour différent, comme le timide qui ose enfin réclamer un rôle important ou le rêveur qui a très bien su discerner les différentes possibilités de ses camarades. Attention : une distribution peut évoluer suivant le travail de chacun. Les enfants étant tous présents en répétition, ils retiennent très vite le texte des autres et il est fort possible d'intervertir les rôles pour une raison ou une autre : absence prolongée, manque évident de travail ou difficulté réelle pour un enfant à jouer tel ou tel rôle. Autoriser un enfant à changer de rôle parce qu'il n'y arrive vraiment pas, c'est lui éviter l'échec et lui permettre de réussir. À proscrire absolument : faire passer des auditions pour savoir qui aura tel ou tel rôle. Cet atelier a lieu dans le cadre scolaire et ne doit pas donner lieu à une compétition malsaine.

▲ La lecture

On s'accordera une ou deux séances consacrées à la découverte de la pièce.
• Lecture de la pièce à voix haute par les élèves (les rôles ne sont pas distribués définitivement). Pour les plus petits, le professeur peut faire lui-même la première lecture qui leur permettra de goûter le texte à part entière.
• Jeu de questions-réponses quant à la compréhension du texte. On explique certaines tournures quand le besoin s'en fait sentir (mais attention : ce n'est pas une explication de texte comme en cours de français ; mais plus tard rien n'interdit de se servir d'un extrait de la pièce pour illustrer une leçon de grammaire). Ce qui compte dans ces séances préparatoires, ce sont la compréhension de l'histoire, la découverte des personnages (leurs motivations, leurs rapports, leurs envies et leurs buts), la mise en évidence des péripéties et des situations. On pourra aussi aborder quelques idées de mise en scène : suggestion des éléments visuels, interprétation, parti pris...

▲ Apprendre le texte

Le professeur insistera auprès de ses élèves : plus vite ils connaîtront leur texte, plus vite ils pourront prendre plaisir à le jouer.
Quelques conseils : apprendre quelques répliques tous les jours, les apprendre à voix haute, apprendre aussi à savoir quand son personnage intervient en connaissant les répliques précédentes. On leur conseillera d'essayer de répéter leur texte avec quelqu'un qui leur donne la réplique (grande sœur, parents, amis, nounou...).

▲ Le travail sur scène

Une fois la distribution faite, les enfants doivent connaître le plus vite possible leur texte, mais on pourra travailler quelques séances texte en main. On travaillera le plus possible dans l'ordre du spectacle, en essayant de ne pas laisser de côté les enfants qui interviennent peu ou plus tard dans le déroulement de l'histoire. Dès les premières répétitions, l'animateur doit veiller à ce que tous parlent fort !
On privilégiera l'invention et les propositions des enfants : ce spectacle est le leur. Il ne s'agit pas d'en faire des perroquets, tout en sachant exiger d'eux rigueur et concentration.
Suivant les problèmes rencontrés, ne pas hésiter à retravailler certaines scènes en utilisant les exercices du livre (grommelot, images fixes, jeu de regard, improvisation, etc.).
Dès que plusieurs scènes sont réglées, on les joue dans la continuité (par exemple, de la scène I à la scène V), sans s'arrêter.
On réserve les trois dernières séances pour les filages.

▲ Le lieu de la représentation

Si le spectacle a lieu dans l'école, c'est bien souvent le préau qui reste le seul endroit possible pour accueillir acteurs et spectateurs. Nous conseillons de recourir au prêt ou à la location d'une estrade. Il faut s'y prendre suffisamment à l'avance, surtout si le spectacle a lieu en fin d'année, car c'est l'époque où ce type de matériel est pris d'assaut. Si cela est impossible, il faudra limiter le nombre de spectateurs, afin que les enfants restent visibles ! On pourra alors envisager une ou plusieurs représentations supplémentaires.
Le maître prendra soin d'étudier la configuration de la salle avant l'installation éventuelle de l'estrade et des sièges des spectateurs. Il faudra :
• prévoir longtemps à l'avance la place idéale de la scène (voir à ce propos les points *« Coulisses »* et *« Lumières »* de ce chapitre) ;
• installer les sièges pour que la scène soit visible par tous : penser que les spectateurs auront des personnes devant eux qui risquent de limiter leur visibilité ! ;

• penser aux règles élémentaires de sécurité (portes de secours, nombre de personnes dans la salle, etc.) et demander les autorisations éventuelles à la mairie.

▲ Les coulisses

Dès les premières répétitions, on s'assurera de la présence de coulisses et de leur configuration sur le lieu du spectacle. Cette information peut en effet influer sur toute la mise en scène ! On saura ainsi si l'on peut prévoir des entrées (et sorties) par un ou plusieurs côtés de la scène, s'il existe un dégagement dans le fond du plateau, etc.
On rappellera aux enfants qu'un silence absolu doit régner dans les coulisses pendant la représentation (faire respecter cette consigne également durant les répétitions).

▲ La date de la représentation

Il convient de bien choisir la date du spectacle. Éviter, si cela est possible :
• la dernière semaine de classe ;
• le jour de la kermesse de l'école, qui donne lieu à des animations diverses et bruyantes (jeux dans la cour, buvette, allées et venues, musique, etc.) risquant de perturber la représentation qui demande le silence et l'attention de tous (ce serait dommage !) ;
• la veille d'un pont ;
• les jours qui suivent un retour de classe verte : on n'aura pas eu le temps de se remettre « dans le bain », de reprendre un rythme de travail ;
• etc.
Quant à l'heure de la représentation, pensez aux parents qui travaillent et ont envie de voir leurs enfants sur scène... Nous conseillons de jouer aux alentours de 19 heures en semaine ou durant le week-end. Assurez-vous de la présence de tous vos jeunes acteurs le jour J en informant les parents par écrit le plus tôt possible (attention aux activités extrascolaires et examens de fin d'année qui peuvent avoir lieu dans les mêmes périodes !).

▲ Les costumes et les accessoires

Les enfants aiment toujours se déguiser, endosser les habits d'un héros (cow-boy, Batman, etc.) ou d'une héroïne (princesse...) et ont parfois tendance à confondre théâtre et séance de déguisements. En atelier théâtre, on leur fera comprendre que c'est le jeu qui doit primer et que le costume, s'il est nécessaire au spectacle, viendra plus tard !
En revanche, on s'attachera dès les premières répétitions aux accessoires utiles à l'action et que le jeune acteur doit s'habituer à manipuler, à intégrer

dans son jeu (une canne pour un vieux monsieur, un foulard pour une dame coquette, etc.).
Quand la représentation approche, on consacrera une partie de la séance aux costumes : discussion sur chaque personnage puis essayages (chacun ayant apporté ce qu'il a chez soi et qui pourrait convenir à lui ou à un camarade).
Les deux ou trois dernières répétitions devront être faites en costumes afin de « tester » le jeu avec cette nouvelle donnée et parer à toute éventualité : élément de costume gênant une action, accessoire que l'on ne peut pas ranger dans une poche, etc. Il restera ainsi suffisamment de temps avant la représentation pour trouver une solution.
Le jeune acteur pourra aussi s'approprier son costume et affiner le comportement de son personnage en lui trouvant de nouvelles attitudes grâce au vêtement : manteau dans lequel on se dissimule pour un agent secret, jupe que l'on fait voler pour une coquette, veste que l'on tiraille pour un timide, etc.
Si un enfant joue plusieurs rôles, ces ultimes répétitions permettront aussi de mettre au point les changements de costumes : minutage du changement, rangement des costumes en coulisses, etc.
En règle générale, on essaiera d'éviter au maximum les changements de costumes compliqués et on privilégiera les accessoires ou éléments vestimentaires significatifs.

Exemples :
Sur une base neutre, un pantalon (une jupe) et un T-shirt sombre que l'on ne quittera pas, on ajoute un élément marqué :
- *Un petit sac à main et un foulard très voyant pour une dame chic.*
- *Un châle en laine, des lunettes et une canne pour une vieille dame.*
- *Un baladeur vissé sur la tête pour un adolescent.*
- *Un képi et une veste de costume pour un policier.*
- *Etc.*

On pourra aussi jouer sur les couleurs.

Exemples :
- *Chaque personnage a une couleur dominante (rouge, bleu, vert, etc.).*
- *Tous sont en noir et blanc.*
- *Tous sont en sombre avec un élément de couleur très vive.*

On prendra garde à la saison durant laquelle se joue la pièce (été, hiver, etc.), un personnage en T-shirt ne pouvant sensément pas se trouver en présence d'un autre emmitouflé et en après-skis (sauf si l'effet est recherché, bien sûr) !

Quant aux pièces nécessitant des costumes d'époque, elles sont à éviter, sauf si de bonnes volontés bénévoles (parents couturiers ou costumiers, par exemple) se proposent de prendre en charge la réalisation des vêtements nécessaires. Le travail peut être énorme (surtout quand il s'agit d'habiller une classe entière !). Attention aussi aux coûts des tissus qui peuvent être prohibitifs...

▲ Les lumières

Il est rare qu'il existe au sein de l'établissement une vraie salle de spectacle avec les lumières adéquates. Si la représentation a lieu à l'école, il faudra faire avec les contraintes du lieu et penser, dès les premières répétitions, que l'on ne pourra utiliser aucun effet de lumière. Impossible donc d'isoler, par un projecteur, un acteur sur la scène ou de créer une ambiance particulière, colorée, etc. Il vaut mieux le savoir dès le départ. Le seul effet sur lequel on puisse généralement compter est l'obscurité (extinction totale de la lumière).

Pour soutenir l'éclairage existant (souvent faiblard et plat), on peut, à moindres frais, utiliser des petits projecteurs de jardin (500 watts) que l'on peut brancher sur une prise courante et qui sont suffisamment maniables pour une utilisation ponctuelle.

Si la représentation a lieu dans une salle de spectacle, tout dépend, évidemment, du matériel mis à disposition et de la présence ou non d'un régisseur. Là encore, prévoyez un minimum d'effets de lumière, car l'expérience nous prouve qu'il vaut mieux aller à l'essentiel : que tous les jeunes acteurs soient visibles du public !

En effet, le temps est souvent compté, et il est rare que l'on puisse consacrer un après-midi entier à régler des lumières avec un régisseur en présence des enfants. Le manque d'expérience des élèves dans ce domaine risque de compliquer, plus qu'il n'est nécessaire, la bonne marche de la représentation : il n'est pas évident, lorsqu'on est novice, de prendre la bonne place sur scène pour être en lumière ou d'adapter ses déplacements parce que tel projecteur l'exige ! Le « plein feu » (toute la scène éclairée) sera la plupart du temps suffisant, des atmosphères différentes (plus chaudes, plus colorées, etc.) pouvant éventuellement être utilisées si elles couvrent tout le plateau.

▲ Les décors

Le jeu dramatique, rappelons-le, doit rester l'objectif premier de l'atelier. Aussi, là encore, on veillera à limiter au maximum le mobilier nécessaire au spectacle et on s'informera à l'avance des possibilités offertes par le lieu où se passera la représentation. Si elle est prévue dans l'école, on essaiera de jouer avec les tables, les chaises et les bancs disponibles, en recourant si nécessaire à des draps, des housses ou autres pans de tissus pour les recouvrir. Quant au fond de scène, il sera le plus neutre possible (rideau ou mur uni) ou pourra éventuellement faire l'objet d'une réalisation en cours d'arts plastiques : décor peint sur de grands rouleaux de papier, par exemple (immeubles pour le thème de la ville, prairies et arbres pour la campagne ou décor abstrait évoquant une atmosphère, un cadre futuriste, etc.). Attention, dans ce cas, de prévoir et de tester avant le jour J le moyen de mettre en place et de fixer ces panneaux.

Quoi qu'il en soit, cette réalisation ne devra pas empiéter sur le temps de répétition et devra donc être mise en œuvre parallèlement à la séance de théâtre.
On évitera au maximum les changements de décors. Néanmoins, s'ils sont indispensables, il faudra les répéter le plus tôt possible : mise au point de « qui fait quoi » (par exemple, deux enfants ont à rapporter une table en coulisses, tandis que trois autres installent des chaises sur scène) et répétition en temps réel (en enchaînant la fin de la scène précédente, le changement de décors et le début de la scène suivante).

▲ La musique et le son

Pour une représentation à l'école, la musique peut être diffusée avec une chaîne hi-fi suffisamment puissante. L'emploi de la musique doit cependant rester mesuré : elle doit rester au second plan et servir l'action. Inutile de multiplier les moments musicaux, ceux-ci devant prioritairement être utilisés pour :
• démarrer et/ou clore le spectacle ;
• accompagner une scène muette (mouvement de groupe, chorégraphie, cascade), si celle-ci s'y prête et si elle est suffisamment longue ;
• accompagner un changement de décors, surtout s'il dure un peu.
On choisira, de préférence, une (ou des) musique(s) sans paroles, celle(s)-ci étant rarement en adéquation avec la scène jouée.
Quant aux bruitages, nous conseillons de les faire « en direct », sans recours à une bande-son. En effet, il est difficile de caler précisément, lorsque l'on ne dispose pas d'une « vraie » régie, les bruits qui doivent être lancés, surtout quand ils sont brefs (coup de feu, sonnette d'entrée, etc.).
Pour la représentation, le plus pratique est de regrouper tous les morceaux musicaux sur un seul CD gravé pour la circonstance.
On s'assurera du concours d'un régisseur son « amateur » pour lancer les effets au bon moment. L'animateur pourra le faire lui-même des coulisses (mais attention, dans ce cas, d'avoir une bonne visibilité du plateau).
Enfin, on calera précisément les niveaux sonores de chaque morceau.
En bref : prévoir des répétitions avec le son et la personne qui en aura la charge !
On n'oubliera pas de faire les déclarations nécessaires auprès des organismes gérant les droits d'auteurs : Sacem pour la musique, SACD pour les auteurs dramatiques.

▲ Le rôle du maître pendant la représentation

Avant le spectacle, il vérifiera précisément la place des accessoires, des costumes, etc., utiles en scène et pourra proposer une miniséance de décontraction afin de calmer l'excitation bien compréhensible des jeunes acteurs.

Il s'assurera du calme qui doit régner dans l'école pendant toute la représentation. Attention aussi aux coups de fil intempestifs (faire une annonce pour que l'on éteigne les portables).

Bien sûr, il est tentant de vouloir regarder la représentation au milieu du public... Mais nous conseillons aux professeurs de rester à proximité de leurs jeunes acteurs pendant le spectacle et de garder le texte à la main pour pallier les petites défaillances de mémoire amplifiées par le trac et l'émotion du « grand jour ».

▲ La fin du spectacle

L'animateur pensera à organiser, durant les dernières répétitions, les saluts des acteurs au public. On choisira plutôt de faire un salut collectif : tous se tenant la main et se penchant ensemble (on pourra désigner un « chef des saluts » qui donnera l'impulsion de chaque inclinaison). Au bout de trois saluts, les acteurs se séparent et rentrent en coulisses. S'il y a des rappels, tous reprennent leur place et recommencent une nouvelle série de trois inclinaisons... et ainsi de suite jusqu'à épuisement des applaudissements !

SEPTIÈME PARTIE

LE VOCABULAIRE DU THÉÂTRE

Aparté : mot ou parole que l'acteur dit à part soi (et que seul le spectateur est censé entendre).

Argument : résumé de l'histoire que la pièce met en scène.

Avant-scène : partie de la scène (comprise entre la rampe et le cadre de scène) la plus proche des spectateurs.

Canevas : résumé ou scénario d'une pièce pour les improvisations des acteurs, en particulier ceux de la *commedia dell'arte*.

Caractère : trait propre à une personne qui permet de la distinguer des autres.

Chœur : groupe intervenant ensemble, par le chant, la danse ou le récitatif, dans un spectacle.

Conduite : liste des consignes chronologiques du déroulement du spectacle concernant le son, les lumières et le plateau (décors, accessoires).

Console : appareil programmable qui permet d'envoyer les différents effets d'éclairage ou de son.

Convention théâtrale : ensemble des normes connues et acceptées idéologiques ou esthétiques, extériorisées ou non, qui permettent au public de recevoir une pièce. *(Voir « Quatrième mur », « Aparté »...)*

Coulisses : dégagement (en fond ou sur les côtés de la scène) où l'acteur est caché au public. Au départ, glissière permettant le déplacement des panneaux décoratifs de chaque côté de l'espace de jeu.

Cour (côté) : côté droit de la scène, vu de la salle. Le metteur en scène et l'acteur étant, durant les répétitions, placés face à face, ils ne peuvent parler de déplacement à gauche ou à droite sans avoir à préciser si c'est la gauche ou la droite du metteur en scène ou de l'acteur. Pour éviter toute confusion, on utilise la convention qui partage l'espace scénique en deux côtés : « cour » et « jardin ». Pour le comédien, qui regarde la salle, le côté cour correspond au côté de son cœur. Pour le metteur en scène, qui regarde la scène, on utilise le moyen mnémotechnique de penser aux initiales de Jésus-Christ, « J » correspondant au côté jardin et « C » au côté cour.

Couturière : répétition où se faisaient les retouches aux costumes ; on entend maintenant par « couturière » la dernière répétition avant la générale.

Cyclorama (cyclo) : toile peinte disposée sur un rouleau, et qu'on tire à la verticale pour créer un fond de scène, ou qu'on déroule à l'horizontale en un mouvement continu pour simuler un déplacement latéral.

Dégagement : espace disponible, en dehors de l'aire de jeu (en général dans les coulisses), pour les entrées et les sorties de personnages et les changements de décor et d'accessoires. *(Voir « Coulisses ».)*

Didascalie : ensemble des indications scéniques (souvent mises en italique), données par l'auteur, qui détaillent les entrées ou les sorties des personnages, le ton d'une réplique, les gestes à accomplir, etc. (Vient de *didascale* : nom donné en Grèce à celui qui enseignait un art, notamment l'art dramatique.)

Distribution (casting) : répartition des rôles.

Drame : genre littéraire comprenant tous les ouvrages composés pour le théâtre (vient de *drama* : « action », en grec, précise *Le Robert*). Dramaturge : auteur d'un texte dramatique. Écriture dramatique : genre littéraire reposant sur des principes dramaturgiques (séparation des rôles, dialogues, tension dramatique, action des personnages).

- **Arlequinade** : pièce, avec ou sans paroles, ayant Arlequin pour personnage central.

- **Boulevard** : pur divertissement, sans réelle recherche intellectuelle ni esthétique novatrice. Il se présente souvent sous forme de comédies écrites par des auteurs à succès et met en scène des mœurs de la bourgeoisie.
- **Burlesque** : forme de comique outré, parodie consistant à travestir des personnages et des situations héroïques en les rendant vulgaires.
- **Comédie** : pièce de théâtre qui provoque le rire par la situation de ses protagonistes ou par la description des mœurs et des caractères d'une société. Le dénouement en est généralement heureux.
- **Comédie musicale** : comédie où l'intrigue sert de prétexte à une suite de chansons et de danses.
- ***Commedia dell'arte*** : comédie dans laquelle seul le canevas (scénario) était réglé à l'avance, les acteurs improvisant lors de la représentation. Les personnages sont très typés.
- **Dialogisme** : caractère dialogué d'un texte non théâtral (procès-verbal d'un interrogatoire, échange de paroles dans un récit, etc.).
- **Divertissement** : intermède dansé et chanté.
- **Docudrame** : pièce qui n'utilise pour texte que des documents et des sources authentiques, généralement montés en rapport avec une thèse sociopolitique.
- **Farce** : comédie souvent caractérisée par une tromperie, et se terminant tout aussi souvent par une bastonnade.
- **Féerie** : spectacle où apparaissent des personnages surnaturels (dieux, démons, fées et enchanteurs...).
- **Kabuki** : forme traditionnelle du théâtre japonais, exclusivement masculine, caractérisée par la violence des intrigues et la somptuosité des costumes et des maquillages. Les histoires jouées sont toutes connues du public, la gestuelle l'emporte généralement sur le texte.
- **Lazzi** : pantomimes et jeux de scène prévus ou improvisés par l'acteur servant à caractériser comiquement un personnage, notamment dans la *commedia dell'arte*.
- **Mélodrame** : drame populaire caractérisé par l'invraisemblance de l'intrigue et des situations, la multiplicité des épisodes violents, l'outrance des caractères et du ton.
- **Mime** : au sens premier, imitation directe d'actions, le tout racontant une histoire par gestes. Aujourd'hui, le mime tente de mettre surtout l'accent sur la création de formes nouvelles, parfois abstraites.
- **Monodrame** : drame dont les personnages sont présentés du point de vue d'un seul.
- **Montage** : collage de textes suivant ou non un thème ou un fil conducteur.
- **Mystère** : spectacle d'ordre religieux.
- **Nô** : drame lyrique japonais (mimé, chanté et dansé, avec chœurs et instruments), exécuté au théâtre, avec costumes et masques, sans décor.
- **Opéra** : drame lyrique, entièrement chanté.
- **Opérette** : comédie lyrique, formée de chants et de dialogues ou pantomimes alternés.
- **Pantalonnade** : farce burlesque centrée sur le personnage de Pantalon, vieillard jaloux et dupé.
- **Pantomime** : spectacle composé des seuls gestes des comédiens. Se distingue du mime en ce qu'elle vise plus souvent à amuser.

• **Parodie** : pièce ou fragment de pièce du genre burlesque où l'on travestit une ou des pièces nobles.

• **Satire** : écrit qui s'attaque à quelque chose, à quelqu'un, en s'en moquant.

• **Théâtre de rue** : forme de théâtre qui prend pour scène l'espace public (rues, jardins...) ; le jeu est plus excessif que dans le théâtre traditionnel. Au départ très politisé, il a pris une dimension plus esthétique, plus ludique et plus populaire.

• **Théâtre didactique** : vise essentiellement à instruire son public, à faire réfléchir sur une situation sociale, à faire adopter une certaine attitude morale ou politique.

• **Théâtre expérimental** : vise la nouveauté et l'originalité. Loin des considérations de rentabilité financière, il se construit au gré des intérêts des artistes, des passions des metteurs en scène ou des comédiens.

• **Théâtre gestuel** : travail sur le visuel (gestes, postures physiques). Lorsque le théâtre gestuel est « pur », il élimine toute référence au verbal. Quand il est « mélangé », il utilise également la voix comme geste vocal et non comme langage.

• **Théâtre intimiste** recherche une ambiance, un climat de type psychologique.

• **Tragédie** : la tragédie présente des personnages hors du commun, victimes de la fatalité. Le dénouement est généralement funeste.

• **Tragi-comédie** : spectacle où le tragique et le comique se mêlent. Le dénouement est généralement heureux.

• **Variétés** : spectacle présentant diverses attractions (chansons, danses, etc).

• **Vaudeville** : pièce entrecoupée de chansons ou de ballets. Comédie légère et populaire, riche en intrigues et en rebondissements, qui repose souvent sur des séries de quiproquos et de hasards.

Écoute (être à l'écoute) : enregistrer puis accepter les propositions de jeu de ses partenaires, savoir où ses partenaires se trouvent dans l'espace et ce qu'ils font, garder constamment un esprit d'ouverture vis-à-vis du jeu des autres.

Emploi : classification des différents rôles (jeune premier, jeune première, père noble, valet, soubrette, etc.). Autrefois, « emploi » désignait le rôle qui revenait de droit à un acteur, par contrat ou promotion.

Espace scénique : espace sur scène dont disposent les acteurs.

Face (la) : désigne l'ensemble des projecteurs situés en salle et éclairant la scène.

Filage : enchaîner et jouer les scènes déjà réglées dans l'ordre du spectacle. « On file en entier » : répétition en continu de la première à la dernière scène. Filage technique : répétition de la pièce du début jusqu'à la fin plus spécialement pour régler les enchaînements techniques (son, lumière, régie plateau...).

Gestes parasites : gestes inutiles à l'action jouée. Par gêne, par manque de maîtrise ou parce qu'il a peur de ne pas être compris, le débutant a souvent tendance à rajouter des gestes parasites.

Herse : galerie lumineuse, généralement mobile, suspendue au-dessus de la scène, et permettant d'éclairer de haut en bas.

Hors-scène : espace où se déroulent (et où sont censés se dérouler) des événements, non vus par le public. Il peut s'agir des coulisses d'où proviennent des effets spéciaux, ou d'un espace totalement imaginaire.

Intention : un personnage se caractérise par ce qu'il fait ou ce qu'il veut faire. En improvisation ou sur un texte, l'acteur doit toujours garder l'intention de son personnage.

Intrigue : ensemble des événements qui constituent le déroulement de la pièce. Phases successives de l'intrigue : l'exposition qui présente la situation initiale, le nœud de l'action (rebondissements et péripéties) et le dénouement.

Jardin (côté) : côté gauche de la scène, vu de la salle. *(Voir « Cour ».)*

Lumière noire : rayonnement ultraviolet invisible employé comme effet spécial pour provoquer dans l'obscurité la fluorescence de certains corps, notamment les étoffes blanches.

Manteau d'Arlequin : double encadrement intérieur et mobile du cadre de scène, constitué de draperies verticales et d'une frise horizontale, de couleur rouge. Il peut être aussi peint. Le nom d'Arlequin vient de ce que ce personnage faisait son entrée par le passage constitué entre le rideau de scène et la draperie mobile.

Mise en scène : activité qui consiste à agencer l'ensemble des moyens d'interprétation scénique (scénographie, musique, jeu...).

Monologue : scène parlée, à un seul personnage, discours apparemment adressé à soi-même ou à un auditoire.

Motivation : raisons psychologiques, physiques ou sociales qui poussent un personnage à agir. C'est parce qu'un comédien sait ce qui motive son personnage qu'il trouvera le ton et les gestes justes. *(Voir « Intention ».)*

Musique de scène : contribution musicale à un texte scénique. Elle annonce ou souligne une émotion, accompagne une action ou un changement de décor, etc.

Non-dit : ce qui est chargé de sens mais non formulé de façon explicite (selon *Le Robert*).

Pendrillon : rideau de faible largeur (2 à 6 mètres), souvent en velours noir, pour cacher les coulisses. Le bas est lesté par une chaîne pour le tendre et empêcher la vue de la lumière de derrière.

Péripétie : action qui fait évoluer l'intrigue. Événement imprévu, coup de théâtre. Il y a des péripéties de nouement et de dénouement.

Plein feu : effet où tous les projecteurs sont allumés. Le contraire est un « noir ».

Position neutre : l'acteur est debout, les bras le long du corps, le corps détendu, il regarde devant lui et ne bouge pas (jambes et pieds fixes, mains et bras au repos). C'est une position d'attente, à partir de laquelle toute action est possible.

Praticable (« pratos », en argot de théâtre) : plate-forme amovible utilisée sur scène pour former des éléments de décor de différentes hauteurs ou dans un espace vide pour monter une scène.

Projecteur (« gamelle » ou « projo », en argot de théâtre) : plusieurs sortes de projecteurs sont à la disposition du metteur en scène suivant les effets désirés. Les « découpes » permettent de modeler la forme du faisceau et d'obtenir des bords nets ; les « douches », éclairage venant du haut et vertical, permettent d'isoler un acteur ou un élément ; les « Fresnelle », projecteurs dont le pouvoir éclairant est augmenté par une lentille à échelons gradués ; la « poursuite », projeteur mobile destiné à projeter la lumière sur un personnage ou sur un objet en mouvement.

Quatrième mur : dans le théâtre naturaliste, mur imaginaire séparant la scène de la salle.

Quiproquo : situation de méprise qui fait prendre un personnage – ou une chose – pour un autre et qui, le plus souvent, provoque le comique de situation.

Rampe : galerie lumineuse qui borde l'avant-scène permettant d'éclairer les acteurs de bas en haut.

Régie : organisation matérielle du spectacle. Emplacement où se trouvent les consoles d'éclairage et de son.

Répertoire : ensemble des pièces jouées par un même théâtre, ensemble des pièces d'un même style ou d'une même époque ; ensemble des rôles qu'un acteur a interprétés ou qui sont dans son registre.

Réplique : ce qu'un acteur doit dire, quand le personnage qui parle avant lui a fini de parler. Chaque élément du dialogue (selon *Le Robert*). – Acteur qui donne la réplique.

Résonateurs : se répartissent, au-dessus des cordes vocales, en trois secteurs. Le premier résonateur, en amont du larynx, est le pharynx. Au-dessus de la bouche se situent les cavités nasales puis les sinus. Devant le pharynx se situe l'organe phonatoire le plus connu : la bouche ; cet organe produit les consonnes. Les résonateurs permettent de modifier la fréquence et le timbre des sons émis.

Rôle : vient de *rotulus*, « parchemin roulé ». Ensemble des répliques d'un personnage et le personnage lui-même.

Scène : partie, division d'un acte où il n'est prévu aucun changement de personnages. – Terme désignant l'espace de jeu et ses dégagements, par rapport à la salle où se tient le public.

Scénographie : art de l'organisation de l'espace théâtral. Ensemble des éléments (toiles peintes, praticables, mobilier...) qui déterminent cet espace (*Larousse*).

Soliloque : discours d'un personnage qui se parle à lui-même ; monologue intérieur. Discours d'une personne qui, en compagnie, est seule à parler ou semble ne parler que pour elle *(convention)*.

Sous-texte : ce qui n'est pas dit explicitement dans le texte, mais est rendu intelligible par l'interprétation du comédien.

Tableau : division d'un texte dramatique ou d'un spectacle, fondée sur un changement de lieu ou de temps. *(Voir « Scène ».)*

Tableau vivant : technique où les acteurs sont immobilisés dans une pose expressive (comme dans une peinture ou sur une photo). En vogue dans le drame et le mélodrame, pour les épisodes qu'on ne pouvait jouer (scènes de champ de bataille), pour fixer des images saisissantes (reconnaissances, surprises de coupables), ou pour contourner l'interdiction de jouer certaines scènes sacrées.

Texte dramatique : écrit pour être joué par des acteurs (dialogues, disdascalies...).

Texte dramatisable : écrit dont la théâtralité involontaire provient d'une analogie de structure avec le texte dramatique, comme le dialogisme d'un roman, le compte rendu d'un procès...

Thème : sujet, idée, proposition que l'on développe dans une œuvre ou au cours d'une improvisation.

Tirade (« tunnel », en argot de théâtre) : long texte dit par un seul personnage, la plupart du temps en présence d'autre(s) personnage(s).

Trame (dramatique) : intrigue, enchaînement des péripéties.

Unité d'action : l'intrigue s'organise autour d'une histoire principale à laquelle les intrigues annexes sont logiquement rattachées.

Unité de lieu : l'intrigue se déroule dans un seul lieu.

Unité de temps : l'action dramatique se déroule sur une durée ne dépassant pas celle de la représentation ou celle d'une journée.

Unité d'action, unité de lieu et unité de temps : sont les trois règles du théâtre classique français.

QUELQUES ADRESSES UTILES

Librairies théâtrales

• Librairie théâtrale, 3, rue Marivaux, 75002 Paris. Tél. : 01 42 96 89 42.
• Le Coupe-Papier, 19, rue de l'Odéon, 75006 Paris. Tél. : 01 43 54 65 95.

En province

• **Nice :** Librairie du spectacle, 2, rue François-Guisol, 06300.
Tél. : 04 93 55 11 48.

• **Avignon :** Librairie du spectacle, 82, rue de la Bonneterie, 84000.
Tél. : 04 90 14 98 80

• **Lille** : Dialogue Théâtre, 34, rue Clef, 59800. Tél. : 03 20 55 76 11.

• **Caen** : Au brouillon de culture, 29, rue Saint-Sauveur, 14000.
Tél. : 02 31 50 12 76.

• **Lyon** : La Proue, 15, rue Childebert, 69002. Tél. : 04 78 42 09 43.

• **Nantes** : Vent d'ouest, 2, rue Biscuiterie, 44000. Tél. : 02 40 48 64 81.

• **Montpellier** : Librairie Molière, 12, rue Étuves, 34000.
Tél. : 04 67 60 72 17.

• **Reims** : La Belle Image, 46, rue Chanzy, 51100. Tél. : 03 26 88 39 69.

• **Toulouse** : Ombres blanches, 50, rue Gambetta, 31000.
Tél. : 05 34 45 53 33.

Certaines FNAC proposent un rayon « théâtre jeunesse ».
Il existe assez souvent un rayon « théâtre » au sein des bibliothèques pour la jeunesse.

Et aussi

La Compagnie Picrokole, adresse postale : 21, rue de Moscou, 75008 Paris.
E-mail : picrokole@aol.com
Spectacles, ateliers d'initiation théâtrale (enfants, adolescents et adultes), stages, formation professionnelle et formation des enseignants.

Atelier théâtre, adresse postale : éd. L'Agapante et Cie, 42, rue du Faubourg-Saint-Denis, 75010 Paris.
E-mail : agapante@aol.com
Cette revue dédiée à l'enseignement théâtral propose des entretiens, des critiques d'ouvrages, des exercices, des choix de scènes et des scènes inédites (enfants et adultes). Trimestriel.

SACD, 11 bis, rue Ballu, 75442 Paris Cedex 09.

SACEM, 225, avenue Charles-de-Gaulle, 92521 Neuilly-sur-Seine Cedex.

INDEX

Les numéros de l'index renvoient aux pages de l'ouvrage

Niveaux

Travail sur

Achevé d'imprimer en France par Mame Imprimeurs à Tours (n° 03042126)
Dépôt légal : 32037/05/2003 - Collection 13 - Edition 01
17/0748/8